U0575186

● 李化成 编著

世界历史中的博弈生存

SHIJIE LISHI ZHONG DE
BOYI SHENGCUN

光明日报出版社

序 言

INTRODUCION

　　这是一个物欲横流的时代，城市森林的马路延伸到昨天还安静的地方。在昨天的昨天，或许有人曾经在这里举起刀剑，踏着敌人的尸骨登上宝座；或许有人身着华服，和着曲子轻吟低唱。今天，一切都已经杳然，我们似乎已经不再需要往返时空的语言。在物质与精神之间，现实与理想之间，世俗与清高之间，徘徊都已经显得无聊；逝者的足迹渐行渐远，谁还要去重现那已经沉寂的历史？或者去追寻曾经出没于脚下土地的力、美以及威严？

　　历史是否有用？法国史学大家马克·布洛克告诉人们历史"千姿百态，令人销魂"，这或许只是史学家的职业癖好，但是他的另一段话却不得不让我们思索："很难事先确定一项极其抽象的研究最终是否会给人们带来惊人的实际效益。否认人们追求超物质利益的求知欲望，无疑会使人性发生不可思议的扭曲，即使历史学对手工艺人和政治家永不相关，它对于提高人们的生活的确是不可少的，仅此一点，就已证明史学存在的合理性。"

　　史学在提高人们的生活中发挥什么样的作用？当神话回响在德国人施里曼的耳畔时，他便坚信《荷马史诗》是人类童年的记忆，并且在众人嘲弄的目光中不懈挖掘。当罗马帝国的废墟映入英国人吉利的眼睛时，他便立志做出一部这个帝国衰亡的历史，为此，耗去了近三十年的心血，面对他留下的书卷，我们不禁想起了汉朝贾谊"前事不忘，后事之师"的呼唤。不管理想也好，重训也罢，历史学所有的功用都有一个共同的前提：读史让人明智。在但丁笔下，史家塔西佗具有洞察一切的智慧和理性。在这个极端现实又极端迷乱的世界，明智难道不是最重要的吗？

如何看待历史？鲁迅先生在谈及《红楼梦》时说："单是命意，就因读者的眼光而有种种，经学家看见易，道学家看见淫，才子看见缠绵，革命家看见排满，流言家看见宫闱秘事……在我眼下的宝玉，却看见许多死亡……"其实对于历史而言，更是如此，有人看到为民请命的气魄，有人却会看到独善其身的伎俩；有人看到博大的爱国精神，有人却看到狭隘的自私自利。但是，从本质上说，历史是人类为了生存而活动的全部记录。孟子说人性本善，荀子说人性本恶，其实，人的本性无所谓善恶，人的本性是自私。人性本私并不是什么贬义，其实，正因为人生来就是趋利避害的，他们才会努力进取，不断地创造着历史。

在人性本私的历史中，历史的主体是人以及人组成的不同群体，而在他们的活动中，生存以及更好地生存是最重要也是最根本的原则。为了对这一原则做出更准确的分析和更深切的感触，我们引入了博弈论的方法。博弈论又称为对策论，是在20世纪40年代形成并发展起来的一门学科。社会由不同的人群的集合体构成，不同的人群集合体形成不同的结构，一个结构中的群体之间的相互作用就构成了一个博弈。而博弈论就是对这些相互作用进行分析、解释的学问。可见，用博弈的观点来透视历史上的生死存亡，是再合适不过的了。也正是从这个意义上，我们才说：读史让人明智，用博弈的观点来读历史让人获取明智！

在博弈视角下的历史中，获得利益是所有具有理智的人都追逐的目标，而力量则是获得利益的最大保证。在不同的力量下，不同的人为了不同的利益斗智斗勇，纵横捭阖。但是，人并不只是理性的，他们还有非理性的。理性给他们指引目标，非理性则对目标是否能够达到起着作用。理性与非理性的结合，才构成了一部波澜壮阔又千姿百态的世界史。因此，我们不能用博弈的公式来套历史，也不能为了证明博弈的公式来"选"历史，我们要做的，就是把历史上真正的博弈生存展现出来。

在真正的博弈生存中，不可避免地充满了暴力、野蛮与欺诈。

或许这些是罪恶的，但在博弈的视角下，它们却是有效的、合理的。在这里，我们套用台湾作家刘墉的一句话："我不是教你诈"。我们只是把历史真实的一面展现出来。只有看清了尔虞我诈的非合作博弈，才能走向你帮我助的"合作性博弈"；只有我们真正认识了历史中"恶"的真实存在，才能够更有效地保护我们"善"的世界。更何况，不同的人对利益的理解也不同，谁又能说高尚的精神不是一种同样值得追求的利益？所以我们看到苏格拉底为了坚持真理而舍弃生命，耶稣为了拯救芸芸众生而走上绞刑架，贞德为了自己的祖国而在烈火中得到永生。为了更博大的利益而牺牲自己个人的利益，对于人类来讲，这样的人才是这个世界的真正脊梁。

目 录
CONTENTS

第八章　理性是有限的

帕斯卡：理智的最后一步就是意识到有无数事物是它力所不及的。

第九章　不光彩的博弈

马基雅维里：一位君主如果能够征服并且保持那个国家的话，他所
采取的手段总是被人们认为是光荣的，并且将受到每一个人的赞扬。
因为群氓总是被外表的事物所吸引，而这个世界里尽是群氓。

第一章 博弈与历史

　　1994 年，举世瞩目的诺贝尔经济学奖授予了约翰·纳什、约翰·海萨尼和莱因哈德·泽尔腾。但实事求是讲，这三位大师与其说是经济学家，还不如说是数学家，只不过，他们共同研究的一个领域开辟了理论发展的新纪元。这个领域就是博弈论。这三位数学家在非合作博弈的均衡分析理论方面做出了开创性的贡献，对博弈论和经济学产生了重大影响。不过，博弈论不仅仅在经济学界产生影响，它在很多领域中都有应用，除了经济学，诸如社会学、生物学、军事科学等都融入了博弈论的知识，甚至可以说，人生处处皆博弈。正如泽尔腾说的那样，对于人类而言，博弈论最重要的贡献就在于它能够促进人类思维的发展，促进人类的相互了解与合作。正是在这一点上，用博弈的观点看待历史才成为了可能。历史是人类活动的全记录，它既留下了思维不断发展的足迹，又可以用不断发展的思维来解释。下面，就让我们进入一个历史和博弈交融的世界。

1. 用博弈论看历史

博弈这个词听起来颇有点神秘的味道，其实在英文中，它就是"游戏"（game）的意思。不过，这里的游戏不同于我们通常所说的为了寻求乐趣而进行的一些有意思的活动，而是人们在一定规则下所进行的可以分出胜负的活动，进行游戏的人的目的是使自己"赢"。对博弈进行分析、解释的学问，就是博弈论。从学科归属上讲，博弈论是研究竞争的逻辑和规律的数学分支，冯·诺依曼和摩根斯特恩合著的《博弈论和经济行为》一书是这门科学的奠基之作，不过他们所建立的是关于纯粹竞争的理论。1950 年和 1951 年纳什的两篇关于非合作博弈论的重要论文，彻底改变了人们对竞争和市场的看法。他证明了非合作博弈及其均衡解，并证明了均衡解的存在性，即著名的纳什均衡。纳什的研究奠定了现代非合作博弈论的基石，后来的博弈论研究基本上都沿着这条主线展开的。纳什均衡的概念在非合作博弈理论中起着核心的作用。后续的研究者对博弈论的贡献，都是建立在这一概念之上的。

在谈及博弈论特别是纳什均衡的时候，一个著名的例子被广泛引用，这就是"囚徒博弈"。话说某地某时，在某案发生后，两名犯罪嫌疑人被抓了。其实，他们正是罪魁祸首。但是，警方却缺乏足够的证据指控他们。因此，他们被隔离，要求坦白交代。他们怎么办呢？如果两人都抵赖，警方因为没有足够的证据，所以只能判他们一年刑期。但是，如果其中一人单独坦白，而另一人抵赖，那么坦白者将被宽大释放，而抵赖者将被判处五年徒刑。如果两人都坦白，那么他们每人将被判处三年徒刑。显然，对双方来说，在彼此一致的情况下，都抵赖是最好的策略。但是，在他们被隔离，无法确定对方策略的情况下，自己选择坦白就是最佳的策略了。因为在同伙抵赖的情况下，自己坦白被宽大释放；即使两人同时坦白，至多也只判三年；但如果对方坦白而自己抵赖的话，那自己就得坐五年大牢，太不划算了。因此，在这种情况下，两人合理的选择都是坦白。这种两人都选择坦白的策略以及因此被判三年的结局被称为"纳什均衡"，也叫非合作均衡。因为，每一方在选择策略时都没有"共谋"（串供），他们只是选择对自己最有利的策略，而不考虑社会福利或任何其他对手的利益。用谢识予先生的话说，纳什均衡就是"给定你的策略，我的策略是最好的策略；给定我的策略，你的策略也是你最好的策略。"

表述一个完整的博弈问题至少需要包含 3 个基本要素，即至少两个独立的博弈参与者（player）、策略选择（strategy set）和支付（pay-off）。每一个参与者通过采取行动，努力使自己的效用或利益最大化。但是，他的行动的好坏或支付的获得取决于另外的参与者。从博弈的均衡结果来看，博弈分为合作性博弈和非合作性博弈。所谓合作性博弈，指的是参与者从自己的利益出发，与其他参与者谈判达成协议或形成联盟，其结果对双方都有利；而非合作性博弈是指参与者在策略选择的时候，无法达成约束性的协议。上面例子中的"囚徒博弈"就是一个非合作性的博弈。此外，博弈还有多种分类，比如静态博弈和动态博弈、完全信息博弈和不完全信息博弈等等。但它们都意味着一点：参与者最大限度地利用游戏规则，通过选择合适策略达到合算结果。

历史的主体是人以及人组成的不同群体，他们为了不同的利益，必然会进行不同的策略选择。因此，我们同样可以用博弈论来透视历史上的生死存亡。近来，各种对历史的戏说层出不穷，诸如历史运行中的血酬定律、潜规则等等让人耳目一新。其实，不管如何解释，都逃不脱人与人之间的明争暗斗、你抢我夺。而对这种关于利益的纷争，用博弈论来加以分析就再合适不过了。

不过，我们也应该看到，正像任何一种理论一样，博弈论并不可能解决所有的历史问题。实际上，博弈论本来就不是"策略大全"。博弈分析更多的只是给我们提供两种或几种方案，我们还要在它们之间做出选择。而到底选择哪一种，就不是博弈论所能解决的问题了，博弈论只是指出了"可能会"怎么样，而不是"一定会"怎么样，否则历史的发展就是机械运动，而不是"活生生"的了。历史是单线发展的，任何选择最终只会归于一种行动，这不是单纯的博弈思维所能决定的了，我们还必须考虑更多的因素，而这些，很可能就是历史的精彩之所在。其实，对博弈论作用的有限性，博弈学家们有着清醒的认识。泽尔腾指出："博弈论告诉人们，要学会理解他人都有自己的思想，每个个体都是理性的，所以必须了解竞争对手的思想……但博弈论并不是疗法，并不是处方，它并不告诉你该付多少钱买东西，这是计算机或者字典的任务。博弈论只是提供一些关系的例证，一些有用的解决问题的方法。"可见，在面对极其纷繁复杂的世界历史时，博弈肯定有助于我们分析历史，但又不能把历史完全分析清楚；博弈论为我们提供了一种观察历史的基本原则和方法。只有这样看待博弈，并寻求更多的线索，才能看到真正而全面的历史。

首先，博弈参与者必须存在，而存在的前提是力量。在亚历山大东征时，如果亚历山大不是所向披靡，同样是一代枭雄的大流士二世肯定不会对其心存媾和；要不是苏联在二战中顶住了德国人的进攻，恐怕也没有资格在战争中和战后与美国讨价还价了；战败的前南联盟总统米洛舍维奇纵使不乏世界舆论的支持，但是仍然被扣押于前南问题国际刑事法庭接受指控。

其次，博弈论对参与者的基本假定是：他必须是理性的（rational）。所谓理性的人是指他在具体策略选择时的目的是使得自己的利益最大化。但是，历史的发展并不是纯理性的，人更不是始终都保持一份理性，而理性是与力量紧密相关的。感情有时可以使力量得到增强，比如"巴比伦之囚"的坚强；而好色却会使得力量减弱，就连千古大帝恺撒都拜倒在埃及女王的石榴裙下。在种种因素作用下，参与者的理性偏失甚至失去，历史因此而改变。

再次，博弈策略的制定，是完全"干净的"，也就是说在考虑力量对比和受益大小的基础上，完全规范、合法地做出决定。但是在真实的历史中，存在着很多"不干净"的选择。马基雅维里关于君主如何生存的"大实话"让很多人在表面上大加指责，背后却奉为经典；两架飞机让世贸双子楼毁于一旦，恐怖分子用了不规范的战争手段。

第四，历史充满了不确定性，偶然发生的事件虽然可能不会左右历史的方向，却会使得历史扑朔迷离，天上掉馅饼和飞来横祸经常让人们措手不及。若非挪威军队的突然入侵消耗了大量的兵力，英王哈罗德几乎不可能在黑斯廷斯败给诺曼人；1348 年一场突如其来的瘟疫席卷了欧洲大地，1/3 的人口为之而丧命，这又是一种怎样的博弈？

这不是反博弈，而是历史运行中的真正博弈，或许我们可以称之为"全博弈"。人们为了利益，根据自己的力量审时度势，制定策略，来追求最大的利益，这是历史中最基本的生存之道；但是感情、信仰、文化甚至突发事件都在影响着人们的博弈，这同样是历史真实的一面。那么，真实的历史是什么样的？古往今来的人们是如何在瞬息万变的世界中博弈生存的？我们可否得出一种世界历史上的"全博弈"生存规则？我们又如何应对我们面前的世界呢？我们就从最典型的一些案例说起。

2. 艾森豪威尔的头疼事

1944 年，欧洲战事正酣。盟军发起了诺曼底登陆战役，一举突破了德军苦心经营的"大西洋壁垒"，在欧洲开辟了第二战场。登陆后，

盟军在诺曼底登陆

登陆前，希特勒错误地估计盟军会选择加来，但盟军选择了德军兵力少、防备差的诺曼底，登陆的成功有其偶然性，但更多取决于明智的策略。

盟军兵分两路：一路由英国陆军统帅蒙哥马利将军指挥，兵锋直指荷兰、比利时，从西部逼近德国；另一路由美国陆军将军布莱德利指挥，横扫法国北部，从南面逼近德国，其中巴顿将军率领的第三集团军进军尤为迅速。然而，德军已从最初的震撼中恢复过来，迅速调整了部署，利用莱茵河天然屏障，依托沿德国边境建立的齐

格菲防线，拼命阻止盟军的进攻。而盟军在前有德军日益顽强的抵抗，后有补给困难的双重压力下，不得不放慢进攻速度。更让盟军最高统帅艾森豪威尔将军头疼的是，蒙哥马利和布莱德雷提出了两个相互对立的计划，并且互不相让。蒙哥马利主张，所有的盟军部队集中力量从北路挺进，穿过亚眠和布鲁塞尔到达鲁尔。而这意味着要完全放弃巴顿部队的进攻。而布莱德雷则主张"两路突击"，即蒙哥马利率领两个集团军按原定路线从北翼进军，由美

二战中的布莱德雷、艾森豪威尔、巴顿（左起）
　　此时的艾森豪威尔陷于两难，或许他眯眼瞧着巴顿的时候已有所决定，并预感到身边的这位爱将即将面临的艰苦战斗。

军向他提供部分地面部队和空中支援。布莱德雷率两个集团军从阿登山南麓进军。两军在"西墙"或莱茵河会合后，继续向德国腹地发起最后的总攻。其实，这不仅是个军事问题，更重要的是一个物资供应的问题。谁的方案占了上风，谁就会得到物资供应上的优先权，从而实际上获得军事领导权和无上的荣誉，因为盟军的后勤保障系统此时已经陷入了空前的危机之中。由于盟军以前所未有的速度推进，提前11天到达塞纳河一线，使战线突然大大拉长，而原计划充分加以利用的布列塔尼各海港又未能发挥作用，致使后勤系统完全陷于混乱。而巴黎提前获得解放，则又给盟军增加了一个沉重的负担。后勤部门每天要向巴黎提供1,500吨物品，同时还要向盟军部队提供1.5万吨物资。由于法国的铁路系统已经瘫痪，盟军只得组织数千辆民用卡车往返于诺曼底和前线之间运输物资，并动用空军部队进行紧急空运。前线部队最紧缺的物资是汽油，每个集团军每天约消耗40万加仑汽油。此时，盟军已建成了横跨海峡的输油管线，所以后方并不缺油，但要把这么多汽油运送到前线则困难重重。民用卡车不能完全解决这一问题，况且卡车本身每天还要耗费30万加仑汽油。由于大批飞机被蒙哥马利用来实施空降，也直接

影响了空运汽油的行动。

艾森豪威尔必须做出抉择，而这一抉择必定牵涉到美英两国军队的荣誉和领导权问题。如果集中两国资源主要支持布莱得雷，那么美国受益更大一些；而如果主要支持蒙哥马利，英国受益则更大一些；而如果分散资源各自为战，那么战争的态势将会大为缓慢，两国的受益都会减少，并且肯定少于前两种情况中任何一国的受益程度。英国和美国努力在战争中得到最大利益，但是这又不是他们自己所能决定的，他们必须协调好与盟友的关系，这就需要进行策略选择。对于英美两国来说，他们各有两种选择，支持布莱得雷和支持蒙哥马利，他们彼此的策略相互组合，便会得到一定的支付，也就是利益的分配。为了方便起见，我们不妨用数字来表示支付的大小。如果集中资源支持布莱得雷，美国得4英国得3；如果支持蒙哥马利，美国得3英国得4。如果分散资源各自为战，那么战争的态势将会大为缓慢，只会各自得到2。很明显，两国采取同一行动的受益比较大，并且在这种情况下，任何一方都不想单独改变策略选择，因为单独改变不会带来好处。这样，皮球最终踢到了作为盟军总司令的艾森豪威尔将军那里。

最终，艾森豪威尔同意了蒙哥马利的"一路突击"主张。但是，事实证明这并不是一个十分明智的决定。因为，在最高司令部的限制和缺乏燃料的困扰下，巴顿的部队进展十分缓慢，从而失去了大踏步前进、一举击溃敌人的良机。而就在这一时期，德军获得了喘息的机会，迅速建立起有效的防御体系，盟军将面临更加艰苦激烈的战斗。不过，从博弈分析的意义上来讲，艾森豪威尔却没有错误。

3. 协和谬误与军备竞赛

2003年10月24日下午4时2分到6分，3架"协和"超音速大型客机伴随着巨大的轰鸣声，风驰电掣般接连在伦敦希思罗机场降落。这款曾在世界航空界显赫一时的飞机从而走完了它 27 年的光辉历程。"协和"是外观最漂亮、最容易识别的一种客机。飞机以两倍于音速的速度飞行，比射出的子弹还要快百分之八。向上看，可以看到外空是黑色而不是蓝色；向下看，会看到弧形的地平线。"协和"几乎就是一艘宇宙飞船。那么，这艘"宇宙飞船"怎么会告别蓝天呢？其实，这种机型在开发的时候，就陷入了一种骑虎难下的尴尬境地。

协和飞机是原英国飞机公司（现并入英国航宇公司）和法国航宇公司联合研制的四发动机远程超音速客机。1956～1961 年，英、法两国分别单独进行超音速客机的初步研究。1961 年，两国各自提出自己的设计方案，但两种方案气动布局和性能十分相似。由于研制费用高，两国决定合作，平均分摊研制费用。1962 年 11 月，两国政府经过协商，签订共同研制两架原型机的合同，正式命名飞机为"协和"。开发这种飞机可以说是一场豪赌。单单是设计一个新的引擎，成本就可能高达数亿美元，这就势必要求飞机投入运营之后必须收取高额票价，但这样做是否会适应市场？但是如果停止研制的话，将使以前的投资付诸东流。这样，就使得英法两国处于一种进退两难的境地。飞机虽然最终研制成功，但正像人们之前担心的那样，成本太高。正常飞行时每天一个航班，分别由英国首都伦敦和法国首都巴黎往返美国纽约，往返票价竟达 9000 美元。再加上其他一些缺陷（如耗油大、噪音大、污染严重等等），不适合市场竞争，最终出现了开头这一幕。也正因为如此，博弈论专家常常将这种行动者进退两难的博弈称为"协和谬误"。

二战后，美苏两国的实力空前加强，国际关系中原有的均势被打破了。美国对苏联等社会主义国家推行冷战政策。赫鲁晓夫上台以后，提出同美国平起平坐，实现美苏合作、共同主宰世界的基本战略。随着苏联经济、军事实力进一步增强，从 20 世纪 50 年代后期起，逐渐形成了美苏争霸的格局。美苏两国为了争夺霸权，拼命发展各种武器，特别是核武器，展开了军备竞赛。（两国在核武器竞赛中的数字对照见下页表）

在军备竞赛中，美苏轮番增加武器能量，如果哪一方拿不出更高的能量，就只能退下来，但是，这就意味着它在军备上的投入没有达到效果，

项目	年份	美国（数量：枚）	苏联（数量：枚）
洲际导弹	1968	1054	858
	1978	1054	1400
潜艇发射导弹	1968	656	121
	1978	656	1015
战略轰炸机	1968	545	155
	1978	432	135
核弹头	1968	4300	1300

而对方将赢得整个局面。但是如果继续竞争，一旦支撑不住，就有可能垮台。这样，两国就都进入了一个骑虎难下的"协和谬误"状态。

1991 年苏联的垮台在一定程度上就是军备竞赛的恶果。1981 年，里根出任美国总统以后，开始对苏联采取强硬态度，遏制苏联在全球的扩张势力。在核战略和核军备方面，美国提出了"星球大战"计划，通过以高技术为核心的新一轮军备竞赛，从而拖垮经济力量相对落后的苏联。在争夺第三世界方面，美国立足于在军事上打小规模的局部战争，打击亲苏政权。苏联由于国内经济发展缓慢，在与美国的争霸中背上了沉重的包袱。1985 年戈尔巴乔夫执政后，开始放弃争夺军事优势的做法，转为裁减军备，从对外扩张转向全面收缩。1991 年 12 月底，苏联解体，美苏冷战争霸的局面结束。

不过，从博弈的最终结果来看，是美国获胜了。其实，真实的历史还有另一面。苏联解体之后，在很大程度上甩掉了一味发

里根和戈尔巴乔夫于 1988 年 11 月签署《华盛顿条约》

该条约结束了双方在中程核导弹上的竞赛，也意味着双方结束军备竞赛和美国在这场博弈中的最终胜利。

展军备的包袱，获得了集中精力发展本国综合国力的契机。对广大的民众来讲，这未尝不是一件大好事。由此可见，一个博弈又如何能解释全部的历史呢？

第二章 我就要最多的

　　美国时间 2001 年 9 月 11 日上午 8 点 45 分，一架从波士顿飞往纽约的美国航空公司的波音 767 飞机遭恐怖分子挟持，撞向纽约曼哈顿世界贸易中心南侧大楼，飞机"撕开"了大楼，在大约距地面 20 层处造成滚滚浓烟，并发生爆炸。9 点零 3 分 ，又一架小型飞机以极快的速度冲向世贸中心北侧大楼。飞机从大楼的一侧撞入，由另一侧穿出，并引起巨大爆炸。两起爆炸造成了数千人伤亡。10 时 30 分左右，纽约世贸中心姊妹楼再次爆炸，然后相继发生大规模坍塌。举世闻名的世界贸易大厦顿时成为废墟。此外，美国国防部五角大楼、国会也相继发生了爆炸事件。这一天，可谓世纪惊魂的一天，美国的国家利益受到了巨大的损害，举国上下齐声反恐。最终，美国人将罪魁祸首锁定在曾一度为美国政府座上客，恐怖激进组织的头子本·拉登头上。

1. 人性本私
——对社会起源的另类解读

网络上流传着这么一个故事：实验人员把五只猴子关在一个笼子里，上头有一串香蕉。实验人员装了一个自动装置，一旦侦测到有猴子要去拿香蕉，马上就会有水喷向笼子，而这五只猴子都会一身湿。起初有只猴子想去拿香蕉，结果五只猴子都被淋湿了，之后，其他四只猴子在几次的尝试后，发现莫不如此。于是猴子们达成一个共识：不要去拿香蕉，以避免被水喷到。后来实验人员把其中的一只猴子释放，换进去一只新猴子A。这只猴子A看到香蕉，马上想要去拿，结果，被其他四只猴子狠揍了一顿，因为其他四只猴子认为猴子A会害它们被水淋到，所以制止它去拿香蕉。A尝试了几次，虽被打得满头包，依然没有拿到香蕉，当然，这五只猴子就没有被水喷到。后来，实验人员再把一只旧猴子释放，换上另外一只新猴子B。这猴子B看到香蕉，也是迫不及待要去拿。当然，一如刚才所发生的情形，其他四只猴子狠揍了B一顿。B猴子试了几次总是被打得很惨，只好作罢。后来慢慢地一只一只的，所有的旧猴子都换成新猴子了，大家都不敢去动那香蕉，但是它们都不知道为什么，只知道去动香蕉会被其他猴子狠揍。这就是道德的起源。

实验人员继续他们的实验，不过这一次他们改变了喷水装置，一旦侦测到有猴子要去拿香蕉，马上就会有水喷向拿香蕉的猴子，而不是全体。然后实验人员又把其中的一只猴子释放，换进去一只新猴子C，不同以往的是猴子C特别魁伟有力。当然猴子C看到香蕉，也马上想要去拿，一如以前所发生的情形。其他四只猴子也想狠揍猴子C一顿，不过它们错误估计了C的实力，所以结果是反被C打了一顿。于是猴子C拿到了香蕉，当然也被淋了个透湿。C一边打着喷嚏一边吃着香蕉，A、B、D、E没有香蕉吃却也比较快乐，毕竟没有被淋到。后来C发现只有拿香蕉的那个才会被淋到，它就要最弱小的A替他去拿，A不想被狼揍，只好每天拿香蕉然后被水淋，B、D、E越发地快乐起来，这就叫比上不足，比下有余。于是五只猴子有了三个阶级，这就是阶级的起源。

这个时候，实验人员把笼子的门打开，这样，外面的猴子也可以进来抢香蕉了，它们不仅抢香蕉，也同样强迫A甚至还有B、D、E拿香蕉，如果它们反抗，就会挨揍，甚至失去性命。猴子C虽然有力，却抵挡不住几只猴子的进攻。迫不得已，它把A、B、D、E组织起来，一起抵挡外面猴子的进攻。作为报答，它也分给了A、B、D、E一些香蕉，但是A还是要拿香蕉，而B、D、E也有了分工，比如有的负责监督A，有的负责看门，有的负责从A那里收取香蕉。而猴子C又从外面抓了一只母猴子做老婆，生下了不少小猴子，其中的一只将继承它的统治地位。这样，在笼子这个区域内，猴子们层次分明又秩序井然地组合在一起，猴子C家族则是"猴上之猴"，享有最多的香蕉。这就是国家的起源。

如果把这个故事接下去，还会得出迷信的起源、宗教的起源等许多关于社会起源的有趣解释。但是，如果我们注意一下，就会发现，猴子们所有的行为，都是围绕着香蕉展开的。如果有可能，就要吃到香蕉，之所以不吃香蕉，也是因为害怕挨揍，并且这个挨揍的损失肯定要大于吃不到香蕉的损失。

猴子看似可笑的行为，其实折射了人类社会发展初期真实的历史，而这个挑动猴子百态的"香蕉"，便是利益，猴子们追逐香蕉，便体现了人类自私的天性。趋利避害是人的天性。正如普劳图斯所说："人人都是自私的。"在这一点上，人类和任何动物都是一样的。理查德·道金斯对生命本质——自私的基因——的全新阐述曾引起了极大的轰动，并由此引发人们对人本身的重新思考。而英国哲学家霍布斯则假设了人类的原始状态。他说，在没有工业、知识、艺术、社会的自然状态下，人与人之间像狼与狼一样，是"每个人对每个人的战争"。在这种状态下，每个人都力图保护自己的利益，并企图占有别人的东西，此时，每个人是每个人的敌人。此时没有任何规则，没有财产，没有正义或不正义，只有战争。为了摆脱这种状态，人们便汇聚起来，建立契约，同意确立一个掌握权力的人或者团体，这就是利维坦，来结束每个人对每个人的混战。

博弈学家潘天群对这种"霍布斯模型"进行了博弈分析，做出了在自然状态下的支付矩阵。

A＼B	战 争	和 平
战 争	(1,1)	(4,0)
和 平	(0.4)	(2,2)

也就是说，如果我进攻你，你保持和平的话，我不仅保持我自己的利益而且占有了你的部分利益，结果就是4；如果你进攻我，而我保持和平的话，我的利益被你占去了，成了0；如果我们都不进行战争的话，每个人保持了自己的利益2；如果每个人都采取战争的话，双方都要受损失，如果实力相当，那个彼此的利益都为1。可见在这种情况下，对于两个人而言，最好的选择都是战争。这就是霍布斯的自然状态博弈论结构。而这也就使得社会进入了一个劳民伤财的困境。为了克服这个困境，就必须给予参与者以约束。这就为道德和国家的形成创造了条件。从理论上讲，国家和道德都是为了使人类走出战争困境的机制，而这种机制的特点就是建立一种"赏罚机制"。比如在这个例子中，如果通过法律规定，若某人采取战争的策略，那么罚去3，如果采取和

A＼B	战 争	和 平
战 争	(−3,−3)	(−3,0)
和 平	(0.−3)	(0,0)

平的策略，不奖不罚，这样，矩阵就发生了改变：

这样，对于每个人来说，"和平"的策略便成了彼此最好的选择。

不过，对于国家而言，它处理的不仅仅是彼此平等的人之间的关系了，统治阶级和下层劳动阶级的关系同样是它处理的对象。官员和军队保护国王，并帮助他从劳动阶级那里获取财富，国王们则靠从劳动阶级那里收取的财富养护他的官员和军队，而劳动阶级很难反抗国王庞大的国家机器——军队。当然，国王不仅只是保护本阶级的统治利益，它还能保护自己的臣民不受外族的入侵，因为后者不仅会夺走他们的一切，甚至会拿走他们的生命。在美国经济学家曼库尔·奥尔森看来，国王就像黑手党，而侵略者就是"流动的强盗"：他攻击了一个受害者，任意取走了他身上的一切，根本就不关心他的疾苦。而黑手党就不同了，他控制着一个市区，要长期依靠强制的保护费为生。所以，只要它保持理智，就必须向他们的受害者进行敲诈，但数量要保持在它今后还有能力继续缴纳保护费的程度。而从受害者的角度看，在这样的"坐地强盗"的统治下生活，要比受"流动的强盗"经常的攻击好得多。但是不论强盗还是受害者，不论国王还是劳动阶级，他们关注的最基本的东西，还是利益。正如托马斯·杰弗逊所说，"理智、正义和平等都没有足够的力量统治地球上的人类，唯有利益有这种力量"。

2. 以耶路撒冷之名——十字军东征

美国世贸大楼被恐怖分子袭击之后，美国总统宣称："这场广泛的事业，这场对恐怖主义的战争将是一场长期的战争。"（This crusade, this war on terrorism is going to take a while）但是，他的宣言却引起了一些阿拉伯国家和穆斯林团体的强烈不满，因为他用了"crusade"一词，虽然这个布什称他只是想表达这个词语的传统含义，即"广泛的事业"，但是这次用得最多的却是"十字军东征"的意思。这不仅引起了伊斯兰世界的强烈反对，而且布什的宣称还让他们想到了另一个人在 1095 年 11 月的狂喊，他就是乌尔班二世，当时的罗马教皇。在法国南部土鲁斯的克勒芒召开的宗教会议上，他抗议侵占着圣地——耶路撒冷的塞尔柱王朝的土耳其人在亵渎基督教的神圣土地，在污辱基督教的朝拜者。乌尔班呼吁所有信奉基督教的国家联合起来，投入一场神圣的战争——一场为基督教而重获圣地的伟大的十字军东征。受此号召，从 1096～1291 年近二百年的时间里，以罗马教皇为首的西欧世界对地中海东岸的伊斯兰世界先后发动了 8 次大规模的军事行动。因为每个出征者都佩戴"十"字标记，故称"十字军东征"。这场东征真的是为了夺取基督教的圣地吗？其实，罗马教廷之所以发动十字军东征，是为了达到增强教廷威信、驾驭世俗王权、建立基督教一统天下的目的。

十字军东征的发生是与教皇权势的上升联系在一起的。10～11 世纪之交，天主教会内部发生了一次延续到 12 世纪的改革运动，这次改革最初是由法国勃艮第领地上的克吕尼修道院发起的，并蔓延到英、法、意等西欧许多地区，所以又被称为克吕尼运动。在这场改革中，教会提倡对上帝的崇拜，要求修士专注于灵圣修炼，努力做到克己禁欲，服从谦恭。克吕尼运动不仅着眼于修道院改革、重建和治理修道院内部的宗教生活制度，它还要求用真正的基督教方式来教育人民，要求普通教徒像教士那样生活。

随着改革的步伐深入，改革派中的激进人物提出了调整教会与国家关系的要求，以教权高于一切的理论来改造和重建教会。从 1046 年起，教

十字军出征前向家人告别

廷连续出现了几位改革派教皇，他们都强调教皇权威，要求树立教皇的绝对权威，反对世俗权力染指神职任命权。为了达到这一目的，他们坚持罗马教皇有高于君士坦丁堡大主教的绝对权力，并借助武力扩大领地。教皇作为宗教领袖越来越朝着教会诸侯国君主的性质发展。他们通过与诺曼人建立友好的关系，使诺曼贵族效忠于教皇。教皇还把诺曼人强占的领地作为罗马教会的采邑再分封给他们，迫使他们每年向教皇缴纳采邑税，并承担保护教皇的义务。此后，教皇在西班牙、勃艮第、匈牙利等地也先后有自己的世俗封臣，使教皇成为一个具有世界性的教会君主。教皇不仅不再依赖任何世俗君主，还要建立至高无上的神权政治。随着势力的膨胀，罗马教皇开始关注起东部教会，并试图实现统一基督教会的理想。而这正是教廷发动十字军东征的两大目的。

为了实现这两个目标，1073 年，新任教皇格列高利七世致信拜占庭皇帝米歇尔七世，提出"以罗马天主教会为基督教首脑"实现东西教会的联合，而在这一要求遭拒绝后，他遂于 1074 年下谕勃艮第公爵威廉一世、"神圣罗马帝国"、皇帝亨利四世、多斯加尼女伯爵马蒂泰及所有的"圣彼得信徒"，参加对东方的"圣战"，攻打拜占庭，而口号却是"保护东方基督徒"、"抵御穆斯林"。其号召虽得到封建主的响应，但由于格列高利七世与德意志皇帝亨利四世的斗争，东征计划搁浅，直到乌尔班二世时（1088～1099 年即教皇位），时机终于成熟了。

时机的成熟首先表现在：随着教皇至尊地位的形成，基督教精神渗透到了人们社会生活的各个领域，欧洲各阶层的宗教热情也随之高涨起来了，从王公贵族到平民百姓都把上帝的权威看成至高无上，人们的时空观、财富观、劳动观以及其他一切行为，无不受到基督教深刻而持久的作用，在几乎任何一个教堂或小村庄都会听到人们发自内心地对天国的追求和对地狱的恐惧。10～11 世纪之交，正值基督教史上的所谓"世界末日"，而西欧也恰好处于半个世纪的荒年；公元 910～1040 年中，有 48 年是荒年；在法国，970～1100 年之间，饥荒年岁不下 60 年。特别是从 1033 年起，出现了连续 3 年的特大灾荒，西欧陷入了恐慌，人们担心人类的末日降临了。在这种压力下，一种强烈的"赎罪"与"修来世"的意识成为当时的社会时尚，人们把现实苦难看作是上帝的惩罚，积极提倡苦修、禁欲、补赎，并由此引发狂热的圣地朝圣，他们希冀圣子能破云而出，拯救自己，这种幻想使朝圣队伍日益扩大。1054年，康布雷主教率领 3,000 名朝圣者前往耶路撒冷；1064～1065 年，德国科隆、美因兹等地的主教率领上万名基督徒和一支拥有相当人数军队组成的朝圣大军前往耶路撒冷，结果约有 3000 人在途中倒毙。但是，此时西亚的情况却发生了变化。中东地区早在 7 世纪 30 年代就为阿拉伯人所征服。但是，阿拉伯控制了这一地区后，犹太教、基督教继续公开存在，穆斯林对基督徒也比较宽容，未有重大的宗教冲突，从拜占庭和西欧各国到圣地的朝圣者仍可自由出入。但是，自 1071 年起，塞尔柱土耳其人夺取了西亚地区，占领了基督教的发源地耶路撒冷。他们建立的国家比较脆弱，政治分裂混乱，对叙利亚和巴勒斯坦的基督徒与前去朝圣的西欧人骚扰较多，引起基督徒的不满。这就给了教皇可乘之机。在教皇的煽动下，教徒的不满很快就变成了疯狂，"收复失地"、"援助东方的基督教兄弟"成了十字军东征的精神支柱。

耶稣路撒冷被攻占后，十字军庆贺的场景

　　除受伤的士兵和过于疲乏者，每一个十字军都欣喜若狂，或散开双臂，激动狂啸，或挥拳举剑，互相道贺，这场战争带给他们巨大的财富和丰厚的利益，这才是战争的目的。

　　十字军东征的发生既表现了基督徒信仰的高涨和宗教情绪的狂热，也表现了基督徒内心的贪婪，或许这才是他们东征的真实目的。11世纪时，随着西欧封建制度的形成与确立，西欧农民所受剥削日益沉重，地租、人头税、市场税、"什一税"、"死手捐"等，名目极为繁杂；同时，随着城市的逐步兴起，西欧各国的对外贸易也发展起来，东方的奢侈品大量流入西方市场，使封建主的物质生活不断提高，从而变得更加贪心；传统的实物地租逐渐向货币地租转化，使得广大农民遭受封建领主和商人的重重盘剥；而时常发生的封建主之间的私战、抢劫等，更使农民不堪其苦；此外还有不断发生的饥荒和瘟疫。因此，农民渴望得到土地、摆脱贫困。因此，当教皇告诉他们东方国家"遍地是蜜和乳酪"，愁苦穷困的人到那里能当富翁时，他们便再也按捺不住了。最早出发的便是这些可怜的人们。1096年春，许多渴望改变现状的农民廉价变卖仅有的财产，又

十字军士兵
　　一个意大利的十字军军人将十字符号画在头盔上以宣告他是负有神圣使命的。

高价购买路上所需品，集合成"穷人十字军"，从法国和德意志动身，沿着莱茵河、多瑙河向东方蜿蜒前进。壮年男子带着妻儿老小，有的步行，有的坐着牛车，有的带着棒棍、镰刀、钉耙，有的赤手空拳。他们不知道征途有多远，队伍没有给养，靠抢劫和乞讨得到粮食。结果大部分都被消灭。

　　农民况且如此，贵族更不例外了。西欧封建社会实行长子继承制，社会上存在相当一部分出身高贵、但一无所有且无所事事的由次子等组成的骑士阶层，他们放纵游荡，不择手段想恢复高贵的生活，渴望获得土地、财富、农奴，千方百计地寻求依靠刀剑发财致富的地方；大封建主之间，为了巩固和扩充自己的领地和实力，动辄大动干戈；在社会生产力发展水平较低的情况下，只有依靠武力才能使封建主与骑士的欲望得以满足。因此，向富庶的东方世界进发，就极大地刺激了他们追求财

富的愿望。

随着城市的不断兴起和对外贸易的扩展，到11世纪后，西欧各国特别是意、英等国的商业有了较大发展，但仍无法满足社会特别是上层社会对东方商品的需求，即使和东方有较密切贸易往来的意大利城市商人也因当时西亚、北非贸易枢纽掌握在阿拉伯商人手中而束手无策。由于拜占庭帝国衰相已现，阿拉伯商人轻而易举地切断了东西方贸易的海上通道，流入西方社会的东方商品，经过重重关卡和过境税的层层加码，已使西欧商人无利可图。因此对于以意大利城市为首的商人阶层来说，要获取高额商业利润，必须同东方建立直接的贸易关系，而其前提是控制地中海东岸，打击或消灭阿拉伯人。

1095年夏，乌尔班二世在法国的克勒芒召开了有14名大主教、200名主教、400名修道院院长参加的宗教会议，同时还有成千名骑士、神职人员聚于场外，城外的田野上则蜂拥着来自四面八方的农奴与平民。教皇发表了具有浓烈宗教气息的动人演说，"塞尔柱突厥人已侵占了我们的圣地——耶路撒冷，他们在大肆踩踏上帝的国度，毁坏基督教堂，掳杀虔诚的上帝子民，污辱贞洁的妇女，贪婪地饮着受洗儿童的鲜血"。"假如这样一个卑贱的、退化的、给魔鬼做奴隶的种族，竟然能把因信仰万能的上帝而坚强、因依靠基督而显耀的人们征服了，那将是怎样的奇耻大辱啊！""以主之名，向你们传达主的旨意，督促一切有封爵等级之人，乃至所有骑士、士兵、富人与穷人，都必须迅速予以东方基督教徒援助"。"让我们投入一场神圣的战争——一场为主而重获圣地的伟大的十字军东征吧！让一切争辩和倾轧休止，登上赴圣地的征途吧！从那个邪恶的种族手中夺回圣地吧！"教皇也知道最打动人们的其实并不是这些，因此，接下来，这位教皇又极言东方的富庶："那个地方（耶路撒冷），如同《圣经》所言，是上帝赐予以色列后嗣的，遍地流着奶和蜜。耶路撒冷是大地的中心，其肥沃和丰富超过世界上的一切土地，是另一个充满欢娱快乐的天堂。我们这里到处都是贫困、饥饿和忧愁，连续七年的荒年，到处都是凄惨的景象，老人几乎死光了，木匠们不停地钉着棺材，母亲们悲痛欲绝地抱着孩子的尸体。东方是那么的富有，金子、香料、胡椒俯身即拾，我们为什么还要在这里坐以待毙呢？"他接着说，"让那些从前十分凶狠地因私事和别人争夺的人，现在为了上帝去同异教徒斗争吧！让那些过去做强盗的人，现在去为基督而战吧！让那些过去与自己的亲朋兄弟争斗不休的人，现在去同那些亵渎圣地的野蛮人战斗吧！让那些为了微薄工资而拼命劳动的人，在东方的征途中去取得永恒的报酬吧！""向着东方出发吧！不要犹豫，不要彷徨，为荣耀我主，去吧！"在场的人员随着教皇激动人心的说辞或热泪盈眶，或热血沸腾，无一不沉浸在向东方进军之后灵魂得到救赎和大捞一把的幻想之中，他们异口同声地迸发出"如主所愿"的呼喊，争先恐后地向神职人员领取一方绣有红色十字的布制徽标，挂在自己的臂上或胸前，作为"走上主的道路"的标志。

人类心灵的虔诚和贪婪纠合在一起，在罗马教会的承诺和怂恿下，在最谦恭虔诚和最道德的名义下，十字军以一种最野蛮的方式登上了历史的舞台。十字军所到之处都急不可待地抢劫财富，占领土地。在德国的出发地和沿途，"他们以非常残忍的精神来反对散居在这些城市里的犹太民族，并毫不留情地屠杀他们，尤其是在洛林王国。他们声称这是他们远征的开始，反对基督教信仰的敌人是他们的职责。他们毁坏了犹太人的房屋和会堂，并平分了大量的钱财"。第一次十字军在攻陷耶路撒冷城时，进行了大肆地屠杀。"阿拉伯人逃到了所罗门圣殿的顶上，许多人被箭射死，从房顶上头朝下掉下来。在这一圣殿里，有一万人被斩首。如果你在那里，被杀死的人的鲜血会没到你的脚踝。我还能说些什么呢？没有人能够侥幸活下来。他们连妇女和小孩也不放过"。

十字军不但对阿拉伯士兵毫不留情，对普通民宅都不放过，他们抢劫了一切可以抢劫的东西。参加东征的法国布洛瓦公爵给妻子写信说：" 我现在所有的金银，已经比与你分别时多了一倍。"骑士的侍从和那些较穷的士兵，剖开死人的肚皮，取出他们生前吞下的金币，又把尸体堆积焚烧，以便容易找到黄金，随后又到居民住宅中掠夺一切东西，结果"很多穷汉变成了富翁"。在切萨雷亚，某些土耳其人把金币藏在牙齿和牙龈之间，于是十字军战士们狠击他们的颈部，逼迫他们每一次吐出 10 至 16 枚金币。意大利商人们因为给十字军提供给养，由此获得了十字军进攻方向的主导权。为了扩展在利凡特的贸易权，意大利商人迫使第三次十字军战争为放弃攻取圣地耶路撒冷的原定计划，转而攻占阿克、雅法、阿斯卡伦等地中海东岸港口城市。

　　第四次十字军东侵把目标由埃及（威尼斯的贸易伙伴）转向君士坦丁堡（威尼斯的竞争对手），君士坦丁堡这样一个同为基督教徒的城市，这样一个在过去一直是抵御阿拉伯人的前沿阵地，不但被他们彻底攻陷，而且也遭到了无情的抢劫。十字军在君士坦丁堡城内放火抢劫了三昼夜，焚烧了君士坦丁堡的图书馆，洗劫了圣索菲亚大教堂，抢劫大量的黄金白银以及珍贵的艺术品，几乎把君士坦丁堡变成废墟。第四次十字军东侵后，穆斯林把权力中心转到埃及，意大利商人要进入红海分享印度洋的贸易，就必须占领东北非沿岸地区，以后，第五、七、八次十字军的进攻目标随意大利城市商人的需要转向东北非。就在意大利商人的操纵下，宗教战争变成了商业战争，不同的人在共同的战争中各取所需，这就是十字军东征得以一次次发动的根本原因。教廷的目标也基本上得到了满足。1204年十字军攻占君士坦丁堡后，建立了"拉丁帝国"，其皇帝鲍尔温随即上书教皇，要将其置于教皇管辖之下。作为东征的组织者，东征使其成为西欧各国诸侯王公的总盟主，教皇的权势在东征期间特别是第四次东征之后达到了鼎盛时期。

伊斯兰骑兵队

　　伊斯兰军队吸收了许多民族的军事模式，作战中主要依赖于骑兵。12世纪早期的军队一半来自埃及，包括持枪穿甲的阿拉伯人和柏尔人骑兵（中）。

3. 英雄还是海盗——从麦哲伦说起

　　在菲律宾马克坦岛一条街的两面，有两座相对而视的纪念碑。其中一座属于一位手持蛮刀长杆奋起保卫其领地的土著英雄，他的名字叫西拉布拉布。而另一座，正是成为他的刀下之鬼的，但在世界历史中的大名却远远超过西拉布拉布的葡萄牙著名航海家和探险家麦哲伦。当地还有一个双面碑亭，正反两面镌刻着以完全不同的口吻撰写、记载同一事件的两篇碑文，正面是：公元1521年4月27日，西拉布拉布率部众在此击溃西班牙侵略者，击毙其统帅麦哲伦。背面写：公元1521年4月27日，斐迪南·麦哲伦与马克坦岛酋长西拉布拉布所部激战，重伤身亡于此。从正面的碑文来理解，麦哲伦是一个侵略者，一个海盗。1521年3月初，在水尽粮绝，人员疲乏之际，麦哲伦船队来到了富饶的马里亚纳群岛，受到当地居民的热情款待。3月底，船队又来到了菲律宾群岛，并在4月上旬到达了菲律宾群岛的宿务岛。但是，土著人的热心抵挡不住麦哲伦的贪婪。当时西班牙国王规定，船队应尽力扩大王室版图，效劳者可得重赏。因此富庶的宿务岛引起了麦哲伦的极大兴趣，他决心把这个异国的岛屿变成西班牙的殖民地。麦哲伦费尽

麦哲伦与西拉布拉布激战的场景

　　后人对历史人物的评价往往更多地倚重客观效果，而忽略其本身的主要目的。麦哲伦环球航行的真实目的是为西班牙寻得更多新的殖民地，掠夺更多财富，因此，当马里亚纳群岛向他展现其富饶时，麦哲伦立即展现出其凶残的强盗本性。

心机让宿务岛的酋王胡马波纳起誓服从于西班牙国王并成为一名忠实的基督教徒。但离宿务岛不远的马克坦岛酋长西拉布拉布对此却恼怒万分，决不屈服。麦哲伦于是率领 3 只小船 60 名船员，气势汹汹地杀向马克坦岛。没想到的是战斗打响后，麦哲伦一伙寡不敌众，节节败退。他本人为土著人所围攻，命丧黄泉。而在后人看来，麦哲伦却是名垂千古的英雄人物。因为他是第一个完成环球航行的航海家。这一创举以无可争辩的事实证明了地圆说。我们不仅要问，麦哲伦到底是海盗还是英雄？其实，在世界历史的海洋中，海盗和英雄在很多时候并没有太多的区别。

海盗，通常是指在海上从事劫掠、绑架、勒索等暴力行为的人，他们的贪婪和凶残常常让人平生厌恶之心。但是，海盗又是一个充满了神秘色彩的群体，他们的冒险精神让很多人都为之着迷，很多情况下，他们还是历史发展的推动者。当前一首流行歌曲唱道：

> 黄色烟硝还在飘，
> 头顶风帆在鼓噪，
> 一瞬间的风暴，
> 湿透双脚干不了，
> 晒伤眼角顾不了。
> 对着狂风咆哮，
> 头巾缠绕着骄傲，
> 泪藏在黑色眼罩，
> 长发在船头舞蹈。
> 尽头——
> 当找到那些宝藏以后，
> 当满足了冒险的念头，
> 幸福是否在岸上等候，
> 故事对它细说从头。

现在，我们就细说从头，把目光投向那遥远的古代爱琴海世界。爱琴海似一个大湖，它北倚欧洲大陆，西靠希腊半岛，东抵小亚细亚，南面则是防水堤般的克里特岛。在爱琴海碧波荡漾的海面上，数百个岛屿星罗棋布，与周边的海岸一起构成了一个爱琴海的世界。而这一世界又处于更大的地中海世界的怀抱之中，当欧洲人还在蒙昧的远古刀耕火种时，地中海南岸的埃及，西岸的美索不达米亚已经跨过了文明的门槛，并且在公元前31世纪发展到了很高的水平。这种文明的薪火随着埃及的船只和美索不达米亚的商队不断扩散，受益最大的自然就是爱琴海世界了。而这就为海盗活动提供了天然的条件。

海盗行为最迟在公元前21世纪中叶就已经出现了。并且在地中海地区自东向西逐步扩展和流行。这种现象是随着社会的发展而出现的，随着劳动生产率的提高，贫富分化的加剧以及私有制、阶级的逐步产生，"古代部落对部落的战争，已经开始蜕变为在陆上和海上为攫夺家畜、奴隶和财宝而不断进行的抢劫，变为一种正常的营生"。因此，这时候的海盗行为其实是一个正常的行为，甚至受到了人们的赞誉。直到公元前4世纪末，亚里士多德仍把海盗行为和游牧、农作、渔捞、狩猎并列为人类五种基本的谋生手段。其实，古代战争、殖民、劫掠、贸易往往是错综复杂地交织在一起的，很难把它们截然分开。公元前21世纪末，"海上诸族"侵袭浪潮席卷东地中海地区，这是一次大规模的海盗活动，但它同时也是与战争、殖民、贸易密切相关的。而希腊人世代相传的远征特洛伊的故事，实际上所反映的就是希腊历史上一次大规模的有组织的海上劫掠。他们的"船只没有甲板，是按照古时海盗船的样式建造的"。海盗行为能满足自己的需要，但是势必会伤害其他人的利益，甚至生命。劫掠者每到一地，往往杀死丁壮，瓜分、强娶当地女子，给别人带来苦难，因此这种行为越来越受到人们的敌视。但是，从另一方面讲，海盗行为一方面可能是他们本族人重要谋生手段，另一方面也是不得已而为之。古代腓尼基人是以长期从事与海盗行为密不可分的海上贸易，尤其是以掠卖人口闻名于地中海世界的。但是他们在很大程度上是被别人"赶"下海的。因为自公元前21世纪中叶起，他们就先后遭到埃及人、赫梯人、"海上诸族"、亚述人、新巴比伦人、波斯人、希腊人和马其顿人的侵扰、征服和奴役，很少有机会长期享受和平安宁的生活。如果说在这一阶段，海盗行为主要是作为本地区居民的一种常规的谋生方式的话，那么到了公元前 2～前 1 世纪，海盗行为则比较突出地反映了贫民、奴隶与富人、奴隶主之间以及统治集团内部的斗争。

罗马由第伯河畔的农业小邦一跃成为囊括地中海、地跨欧亚非三洲的大帝国。罗马统治者对各地人民的野蛮征服和疯狂杀戮，造成大批一贫如洗、无家可归的流亡者，此外还有大批的逃亡奴隶，他们为了反抗压迫，谋求生存，因此很多人走上了海盗的道路。而帝国周边各族的统治者，以及在国内政治斗争中失势的集团，为维护自身的利益，往往也成为海盗的支持者。公元前 2 世纪末到前 1 世纪前期，海盗活动席卷整个地中海。这一时期形成若干区域性海盗集团，最著名的当属"奇利奇亚人"和"伊利里亚人"。前者曾拥有千艘以上的战船，后者拥有战船最多时亦不过 220 艘。他们大肆劫掠运往罗马的粮食和财物，致使罗马城的小麦供应频频吃紧，粮价暴涨。粮荒引发的暴乱，严重威胁着罗马的统治。罗马统治者宣布"海盗是人类公敌"，数次出兵加以清剿。自此，"海盗"始有"海上强盗"之意，并成为国家政权的对立一方。

公元前 67 年，罗马粮食供应状况极度恶化，格涅乌斯·庞培受命清剿海盗。他兵分九路，分片包抄，软硬兼施，缺乏统一指挥的海盗在数月内被各个击破，共有 2 万人被俘、1 万人战死，损失船舰千余艘。海盗活动一度处于低潮。但是好景不长，公元前 44 年恺撒遇刺身亡后，屋大维等以为恺撒复仇为名，对其政敌大开杀戒。大批奴隶和被剥夺公民权的贵族逃离家园，投于海盗首领绥克斯图·庞培（小庞培）的麾下。小庞培利用罗马内战之机，数年之内就组织起一支至少拥有 4 万人的庞大舰队，占据西西里岛、撒丁岛和科西嘉岛。他们封锁了通往罗马的海上运输线，切断了罗马的粮食供应，袭掠意大利沿海地区，奴隶们趁机逃离庄园。海盗活动又一次对罗马的统治构成严重威胁。得意忘形的小庞培自称是涅普图努斯（海神）之子。公元 230～267 年间，大批"蛮族"海盗在爱琴海、黑海地区横冲直撞，劫掠财物，他们与"蛮族"入侵以及贫民、奴隶起义遥相呼应，成为加速西罗马帝国崩溃的一支不可忽视的力量。

西罗马帝国在海盗的打击下加速灭亡，东罗马帝国则甚至一度被一群不是海盗的海盗攻破了首都，并建立起了另一个国家。但是，7世纪征服这一地区的阿拉伯人和13世纪十字军的到来，拜占庭帝国（东罗马帝国）的制海权被彻底地动摇了。阿拉伯人为了削弱拜占庭帝国不择手段，他们抢劫财富，并把俘虏卖为奴隶。拜占庭不得不用黄金赎回被掠走的俘虏，致使财富源源不断地流入那些阿拉伯国家。但是如果称阿拉伯人为海盗的话，那么威尼斯人及其支持的十字军就是一群不是海盗却胜似海盗的海盗。威尼斯人因为给十字军提供给养，由此获得了十字军进攻方向的主导权。在他们的作用下，第四次十字军东侵把目标由埃及（威尼斯的贸易伙伴）转向君士坦丁堡（威尼斯的竞争对手），君士坦丁堡这样一个同为基督教徒的城市，这样一个在过去一直是抵御阿拉伯人的前沿阵地，不但被他们彻底攻陷，而且也遭到了无情的抢劫。十字军在君士坦丁堡城内放火抢劫了三昼夜，焚烧了君士坦丁堡的图书馆，洗劫了圣索菲亚大教堂，抢劫大量的黄金白银以及珍贵的艺术品，几乎把君士坦丁堡变成废墟。他们随即在废墟之上建立了拉丁帝国，并统治了达57年之久。拜占庭人把首都失陷看成是一帮杀人放火的醉汉对他们发动的一次真正的海盗袭击。

在西罗马帝国的灭亡中，海盗可谓"功不可没"，但在欧洲大陆的另一端，海盗们却建立了国家。这就是赫赫有名的维京人。维京人主要由挪威人和丹麦人所组成，他们掌握着先进的造船技术和丰富的航海经验。经他们制造的航船造型独特，构造完美，令人叹为观止。其海盗船主要有两种：战船和商船。前者船体轻而窄，航速快，操纵灵活，适于海上征掠；后者船身高而宽，容量大，运行平稳，适于载货。他们的航海技术在当时欧洲也处于领先地位。他们能通过识别云的形成、观察海水的颜色、海洋动物、飞鸟、水流、海藻以及对风的感觉等确定航向；还可以通过了解太阳和星辰，粗略推算航位；他们甚至可能还拥有自己简单有效的方向标度盘、风向标和日冕仪等。先进的造船技术配合以丰富的航海经验使北欧人真正成为9~11世纪北海和波罗的海的主人。他们不仅控制了北海、波罗的海的航运，操纵东西贸易，还占据沿河港口并深入大陆内部，使整个西欧都能感受到它的冲击。他们进行的一系列海盗行为，实际上又是一次北方日耳曼人的民族迁徙。834年，丹麦王朝垮台后，海盗们更加猖狂起来，西欧大陆沿海、不列颠、爱尔兰等地富裕的寺院和重要商镇几乎全都受到不同程度的蹂躏，部分甚至永远消失，从而使其生产和生活秩序遭到暂时但较为严重的

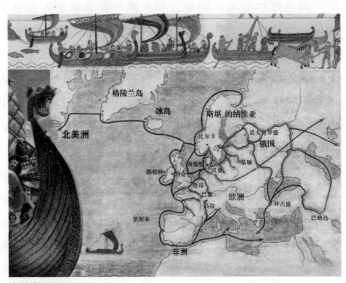

海盗的行程

当我们走进历史探究维京人的所经路线，便可知道维京人贪求过什么：文莱的皮毛、海象牙、格陵兰的动物皮、毛皮和羊皮制品……

破坏。他们往东进入了俄罗斯平原，向当地居民索取粮食、毛皮、蜂蜜等物产以及还有奴隶，并且在基辅建立起了第一个俄罗斯公国。往西，他们在西线的征掠目标主要是法兰西和英格兰等地，还发现了冰岛和格陵兰岛。但他们的主要方式是武装抢劫和索取丹麦金。845 年，北欧海盗从法兰克国王秃头查理处获得第一笔丹麦金白银 7,000 镑，856 年又向其勒索 5,000 镑。在公元 9~10 世纪期间，法兰克人先后 15 次支付丹麦金，总数超过 4 万镑银币和 600 镑金币。在英格兰，北欧海盗索取丹麦金始于 865 年。此后他们如饮甘霖，频频征讨，而且数额愈来愈大：991 年为 2.2 万镑，1012 年上升为 4.8 万镑，到 1018 年则达到 7.2 万镑。这一局面一直持续到 1051 年，该年英王忏悔者爱德华支付了最后一笔贡银——北欧雇佣军的军饷。高达 27.07 万镑银币和至少 600 镑金币在 10 世纪进入斯堪的纳维亚。他们不仅掠夺财富，而且还伺机建立自己的领地，其中最有名的就是诺曼公国。841 年，一支诺曼人劫掠了鲁昂，845 年又入侵了巴黎，到 991 年，丹麦人开始在诺曼底定居下来，逐步建立起了诺曼公国。几十年后，他们征服了英格兰，这大概是海盗们意义最为深远的成就了。

　　海盗既然能建立国家，那么换个职业就更不在话下了。面对征掠而来的巨额财富，北欧人除了尽情挥霍外，还积极用于经营工商业。其实，很久以前，北欧人就在波罗的海沿岸经营琥珀、毛皮等贸易。"对北欧人来说，放下宝剑与拾起秤杆二者之间没有不可逾越的鸿沟，他们中有很多人是武士兼商人，当意识到可从抢劫的物品中获利时，他们就在市场上将其出售"。10 世纪以后，随着征掠活动的减弱，北欧人逐渐由海盗转化为商人。据说海盗国王青齿王哈拉尔德诸子中，比约恩就是商人。他拥有商船，可航行到其他国家，从而获得贵重的器物和其他货物。他的兄弟们称他为"商贩"或"生意人"。受海外征掠的影响，当时北欧人经营商业的资本一部分由劫掠物直接转化而来。近代以来在斯堪的纳维亚、爱尔兰、斯拉夫等地海盗时期墓穴中发现的殉葬品，既有天平称，又有武器，这是北欧海盗双重身份的有力证据，而其中来自各地的大量金银货币，说明他们已将掠夺的部分财富充当了商业资本。这些财富不仅刺激了北欧商品市场的繁荣兴旺，更为商业贸易的进一步发展提供了资金，从而使北欧海盗商人迅速崛起，并在以后的两个多世纪中成功控制了北海、波罗的海贸易。

　　随着贸易在空间上的不断扩大，地理大发现出现了。这是人类历史上开天辟地的大事，五大洲的各个角落和三大洋的每座海岛，都被卷入地理大发现的浪潮。但是，对地理大发现做出最大贡献的西班牙和葡萄牙统治者们及其派出的探险者，其目的并不是单纯为了发现，利益是他们最大的出发动力。15 世纪以来，随着商品经济的发展，西欧对货币尤其是贵金属的需求急速增加。1493～1520 年间，欧洲产银共 4.5 万公斤，年产量只有 1600 公斤。因此，向外扩张寻求贵金属成为首要的目的；此外，对香料尤其是食用香料的追求也是目的之一。传说中富庶的东方成为他们理想的彼岸。但是，15 世纪中叶以来，由于欧亚局势的变化，传统商路障碍重重，欧洲人只好另外开辟新航路。于是葡萄牙向南、西班牙向西南，揭开了地理大发现的序幕。怀着贪婪的目的，探险者的行为自然也就不仅仅是探险，而是海盗般的劫掠了。不过与一般海盗不同的是，他们都试图在所到之地建立殖民地，积累财富。因此他们不惜耍弄种种手段，肆行种种暴力。开头说到的麦哲伦就是一例。但这与西班牙和葡萄牙在美洲的屠杀和劫掠相比，简直是九牛一毛。从这个意义上讲，西班牙和葡萄牙是最大的两个海盗，也是最不干净的海盗。他们通过种种卑鄙的手段，建立在新大陆的统治地位，并且对其庞大的殖民地施行贸易垄断，把财富源源不断地运往国内。这就引起了英国、荷兰、法国等国家的不满。有意思的是，他们对这种不满诉诸的行动开始就是通过海盗来完成的，国家和海盗相互联合，演出了一曲著名的海洋二重奏。

最早的挑战者是荷兰人。当时除西班牙外，荷兰的舰队是最大的，号称"海上马车夫"。1588 年，西班牙的"无敌舰队"在爱尔兰遇暴风雨受损，荷兰船只大量进入加勒比海，除伺机袭击西班牙船队外，还攻击殖民地城镇，并从事走私贸易活动。1628 年荷兰海盗海恩截获了一整队的西班牙运银船只，获得 1500 万荷兰币的巨额财富，因而被任命为荷兰海军中将。1630 年，德鲁特和伊塔沿着佛罗里达海峡和靠近古巴西端的地方伏击了西班牙船只，帕特袭击了卡塔赫纳港，而其他荷兰海盗船则在中美洲海岸搜劫，最终使荷兰垄断了加勒比诸岛屿同欧洲之间的非法贸易。但是，与海盗结合最密切，也最成功的，却当属英国的伊丽莎白一世。

1588 年夏，入侵英国的西班牙的"无敌舰队"，在英炮火的轰击下慌乱撤退

这场战役称为"格拉沃利讷战役"。西班牙舰船被英国的无人火船（画面中央）冲破，战斗开始不久狂风大作，将残存的西班牙舰船卷向北方，而其中大部分又在苏格兰底和爱尔兰沿岸触礁沉没。

16 世纪 40 年代以来，英国的海盗业兴盛。最初英国海盗集中在英吉利海峡，慢慢向热带水域扩展，以抢劫西班牙的非洲西海岸为目标。这种行为尽管没有得到本国政府的公开批准，但却得到了女王和政府实际上的默许和支持。海盗组织的资金和经费，有一部分来自英国的贵族、资本家和女王。德雷克是英国海盗中最有名的人物，被说成是伊丽莎白在海上的"看门犬"。他先前是一个奴隶贩卖者，后来成为一名海盗头子。但是，就是这样的一个人，却得到了女王的恩宠，并因此不再采取从前的"海盗活动、私掠船和对西班牙航线攻击"的策略，而是为了英国的利益着想，通过夺取和占领战略性港口的方式来扼杀西班牙的商业体系。1577 年 12 月 12 日，在女王的支持下，德雷克率领 3 艘战舰、160 余人从普利茅斯港出海了。1580 年 9 月底，德雷克的"金雌鹿"号满载从西班牙美洲海岸抢掠的财物回到普利茅斯海湾，并派人向伊丽莎白女王报告。女王召德雷克入宫，对之大加称赞，并给予保护。后来又赐封其为骑士。此外还有霍金斯，60 年代，他领导了三次美洲航行，这是伊丽莎白时代有明显政府参与的与西班牙的海上冲突。不过，霍金斯最大的贡献是帮助女王建立了强大的海军。1569 年后，在伊丽莎白女王和财政大臣塞西尔的再三邀请下，霍金斯出任海上事务委员会的专业顾问，辅助国家的海军建设工作。由于多年的航海经验，霍金斯的视野开阔。他建设海军的目的不在于海峡的防御，而在于切断西班牙输送美洲白银的海上航线。他认为，如果这条航线被切断，西班牙的财政将陷于瘫痪。为此，他把着眼点放在了加勒比海和亚速尔群岛。这样，他就需要适于远洋航行的舰队。他试图改革船只的结构，用改进的西班牙大帆船代替过时的武装商船，最重要的是，他计划在船上配置远程火炮，以代替传统的海军作战方式。1575～1577 年，按照霍金斯的设计，"复仇"号首先造成。这是一艘排水量 500 吨的中型船只，被认为是当时最完善的西班牙大帆船。1578 年塞西尔任命霍金斯为海军财务总管，这也成为"都铎英国海军史上的转折点"。1585～1587 年 1 月，有 16 艘新船分别在查塔姆、德特福德、莱姆豪斯和伍利奇建造，其中包括"彩虹"号、"先锋"号和"王家方舟"号。加上 1570～1583 年间建成的 9 艘战舰，1570 年以来共建造新船 25 艘。这就大大加强了海军的实力。

英国皇家海军创建后，越来越多地参加海上冒险活动，把以前纯粹的海盗活动日益变成政府指导下的国家行为。1588 年以后，伊丽莎白女王先后组织了四次（1589、1595、1596、1597 年）大规模的海上远征，分别提供王家战舰 6 艘、6 艘、17 艘、17 艘。此后，英国海外扩张更多地、在更大程度上采用这种方式，最终导致英国海上帝国的建立。在英西战争中，皇家海军和海盗私掠相结合，严重打击了西班牙无敌舰队，从而走上了海外扩张之路。

不论是为了谋生还是反抗压迫，为了自保还是掠夺财富，为了经商还是争夺霸权，海盗都不是一种值得称赞的行为。他们通过贪婪残忍的手段让自己获得了利益，却给别人带来无尽的痛苦。但是，当这种不道德的手段带上了一顶为了更大更高目标而行动的桂冠后，一切又都那么容易理解了。不管是前者为后者抹了黑，还是后者为前者洗了白，只有一点是亘古不变的，那就是利益。

4. 英国绅士的拐杖——鸦片和大炮

19 世纪主持英国外交和国务三十余年的政治家帕默斯顿曾说过一句名言："我们没有永久的敌人，也没有永久的朋友。我们只有永久的利益。"纵观英国历史的发展，他们不仅是这样说的，更是这样做的。19 世纪前期的中英贸易以及外交关系形式的三次转型可为佐证。从 18 世纪的白银、棉花、胡椒与中国的茶、丝、瓷器等传统贸易结构，到以鸦片为主体的贸易结构，再到以武力重组中英贸易结构，每一次转折无一不是围绕这一主线进行。

英国是最早发生资产阶级革命、建立资产阶级议会制度的国家，也是最早开始工业革命的国家。到第一次鸦片战争时，英国工业革命已经大致完成。当时的英国已拥有"世界工场"和"海上霸王"的称号，并自诩为"日不落国"。但于 1825 年发生并波及全世界的第一次生产过剩的经济危机使英国工商业资产阶级把目光转向了中国这一具有巨大潜力的市场，英国工业最主要部门纺织业的资本家们对中国市场更是馋涎欲滴。早在 1820 年 6 月，曼彻斯特商会筹委会即向英国国会请愿，要求开展对华贸易，其中说，"好望角以东各国，尤其是中国，如果能够取消地球上这个富裕而又人口众多的部分与我们通商的限制，对于我们曼彻斯特地区的棉纺织业来说，将会成为重要的市场。"1836 年，该商会在致首相墨尔本和外交大臣巴麦尊的备忘录中进一步强调指出："中国为英国制造业提供一个销量庞大而又迅速扩张的市场"。曼彻斯特的厂主甚至私下说："如果每个中国人的衬衣下摆长一英寸，我们的工厂就得忙上数十年！只要能够打开这个壁垒就

中国烟馆

随着鸦片数量的日增，烟害从沿海波及全国，上至王公下至贫民，吸食者不计其数。白银源源不断地流入英国人的口袋。

好了。"同年，伦敦 109 家与中、印贸易有关的大公司成立了伦敦东印度和中国协会，多次向英国政府请求帮助打开中国市场。在此以前，英国新兴资产阶级已不断对东印度公司垄断对华贸易发起攻击，终于导致 1834 年英国政府废除该公司的对华贸易垄断权，从而为英商开辟了一个对华"自由贸易"的新时代。这说明英国新兴资产阶级对英国对华政策已经有了重大影响。英国政府在决定对华政策时不得不把夺取中国市场作为它的迫切目标。

在常规的中英贸易中，茶叶是驱使他们前往中国的主要动力。因为它为英商带来了巨额利润，尤其是 18 世纪 20 年代后，茶叶贸易更是成

为所有欧洲东方贸易公司最重要的、盈利最大的贸易，在西方人眼里："茶叶是上帝，在它面前其他东西都可以牺牲。"从 17 世纪 20 年代起，英国东印度公司在绝大部分年份中，所购买的茶叶都占其从中国总进口值的一半以上。茶叶贸易不但关乎英国东印度公司的生死存亡，而且对英国财政也至关重要。从 1815 年起，公司每年在茶叶贸易中获利都在一百万镑以上，占其商业总利润的 90%，提供了英国国库全部收入的 10%。然而与此同时，英国却没有多少产品可与中国交换，不仅呢绒在中国找不到多少市场，就是工业革命后始终占据制造业先导地位的棉纺织品，在中国的销售量也相当有限。因为当时的中国尚停留在男耕女织的典型的自然经济状态，并不依赖对外贸易。一百多年前主持中国海关总税务司的英国人赫德在其《中国见闻录》中就曾写道："中国有世界最好的粮食——大米；最好的饮料——茶；最好的衣物——棉、丝和皮毛。他们无须从别处购买一文钱的东西。"唯一例外的，是中国对白银的需求。因此欧洲人只能用白银来支付对茶叶的需求。大规模的中西贸易由此找到的支点：西方人用白银交换中国的茶叶！当欧洲国家从美洲运来的白银足以购买中国的茶叶时，这种贸易还能维持平衡，然而历史的发展却不是对某一个国家、某一个集团利益需求的简单附和。西属美洲的白银产量与迅速增长的西方对华贸易所需的银圆数量并不同步增长。1811 年开始，西属美洲爆发了持续 15 年的独立革命战争，很多银矿遭到摧毁，美洲的白银产量大为减少。那么用什么来代替白银以交换中国的茶叶，中英贸易中的逆差又如何来扭转？正当英国上下为摆脱这种困境而焦虑万分时，鸦片却从众多商品中脱颖而出力挽狂澜，很快就改变了入超大于出超的中英贸易局面。素有涵养而有着"绅士"风度的英国是否就能做出如此有损国体的行为？事实证明，在巨额利润面前，没有人能够保持继续操持德行的理智。英国东印度公司不顾天理良知，断然向中国大量出口毒品——鸦片。

由于马戛尔尼和阿美士德使团悲惨的失败和对今后中英之间达成任何商业协定的失望以及对中国的报复情绪的增加，英国政府也开始由过去对鸦片贩子的默许而转变成为一种公开的支持；而在英国政府看来，这种支持就是对英国最高准则和神圣权利——自由贸易的支持，而鸦片，不就是打开中国大门发展自由贸易的一个最有效的工具吗？既然用和平的外交手段无法改变中国政府的态度，那么，为什么不用别的手段来打破中英之间这种僵死的局面呢？更何况，中国最高当局在禁烟方面的软弱无力，各级地方官员对鸦片走私及交易的熟视无睹，各个阶层的沉迷吸食，以及这种贸易本身缜密的组织和完好的系统，都给英国以巨大的鼓舞并为这种贸易的滋长提供了天然的沃土，何乐而不办呢？英国政府决定顶住国内反对派的压力和国际舆论的谴责，为实现自由贸易这一目的而不顾一切，于是，从19世纪初叶起，进入中国的鸦片量突然增加，到了鸦片战争前夕，竟发展到每年四五万箱。大清帝国的大厦终于感到震颤，以英国为首的鸦片商利用

鸦片制造厂

　　英国东印度公司在印度孟加拉设立的鸦片制造厂，是向中国输鸦片的最前沿。

鸦片排山倒海般地撞击着大清帝国的"万里江山"。令人不解的是，大清帝国发展中存在一个悖论——大清帝国在全力阻挠外国先进的科技成果和商品进入本国的同时，却心醉神迷地购买、吸食毒害他们身心健康的鸦片，而且将之视为生活中一种不可或缺的需求，就像欧洲人购买中国的茶叶和丝绸一样。从而为英国绅士们实现他们的要求提供了契机，鸦片贸易大获成功。

　　从1773年到1834年，英国对华鸦片贸易在东印度公司的垄断下，有组织有计划地进行，鸦片进口的数量和价值虽然大不，但其在中英商业关系中所占的比重却是不可忽视的，是当时贸易的核心。东印度公司垄断权取消后，英国政府代替东印度公司直接领导贸易，公开纵容鸦片走私。马克思在分析这种现象时就指出："我们不能不指出戴着假面具的、始终空谈文明的英国政府所具有一个特别露骨的内部矛盾。英国政府以帝国政府的资格装腔作势，好像它与私贩鸦片的事情绝无关系，它甚至订立禁止这种贸易的条约……可是，这个政府并不因它在事实上参

加这种贸易事业而满足，它直到现在（1858 年 8 月）还与从事危险营业以毒害整个中国的那些商人和船主打交道，分享利润，并分担损失。"

　　然而以传统贸易形式推行鸦片贸易取得的成就还是有限的。中国政府及各级官员对英国所表现出来的傲慢和轻视以及马戛尔尼和阿美士德使团的失败就像一根根大棒打在英国绅士们的脸上。他们一方面指责自己政府和使节给英国带来了无法接受的侮辱，另一方面更多地指责中国。中国开始失去往日礼仪文明之邦的光辉形象，而两次使团所提供的关于中国的资料，也足以证明中国的强大和富足，只是在华耶稣会士为了生存的一种委曲求全的欺骗；乌托邦式的中国和真实的中国相差甚远，中国的地位开始直线下降；英国人意识到自己才是"世界第一强国"。"马戛尔尼使团在西方和远东的关系中是一个转折点，它既是一个终点，又是一个起点。它结束了一个世纪的外交和商业上的接近，它在西方人中开始了对中国形象的一个修正阶段"。于是，伴随着这种修正的是鸦片的剧增和公开的武装挑衅，失去耐心和被激怒的英国开始将国家荣誉、自由贸易、毒品交易和大炮流血交织在一起，向国门紧闭、因循守旧的大清帝国发起了强大的冲击。这样，一场更大规模的战争已是

虎门海战图

　　1841 年 2 月至 26 日间，英军向前沿阵地虎门发起猛攻，并凭借坚船利炮取得了这场战争的胜利，之后，《南京条约》和《虎门条约》签订。

箭在弦上，而林则徐的广东禁烟正好促成了这场战争的提前到来。鸦片战争以中国的惨败宣告结束，英国以四千病魔缠身的士兵在远离本土几万里的地方打败了由二十几万士兵组成的中国军队，战争的结果是两个条约——《南京条约》和《虎门条约》的签订。借此英国打开了中国大门，为资产阶级推崇的世界性的自由贸易开辟了道路。

由此看来，18 世纪的英国对华贸易的形式是以白银、棉花、胡椒等与中国的茶、丝、瓷器等为主体的传统贸易。当这种贸易结构能保持平衡时，英人仍然获得巨额利润，传统的贸易方式仍可维持。但是，由于西属美洲白银产量下降以及西方的殖民扩张费用增加而造成的白银短缺，使得传统的中西贸易结构难以为继。于是英国人便依靠印度的鸦片重建其对华贸易结构，在对华贸易中获取巨大利润。当中国政府厉行禁烟的措施使以鸦片为中心的中英贸易结构面临崩溃危险时，英国政府立即诉诸战争。所以无论是鸦片贸易还是鸦片战争都并非像西方的中国学权威费正清所说的"是一场根源于中西方间不同的经济形态、政治制度与国际秩序观念的文化冲突"，而是英国追求经济利益而强加给中国的战争，与西方在殖民扩张时期于印度、美洲、非洲发动的战争在性质上并无任何不同：从商务扩张到武力征服。

没有永恒的朋友，没有永恒的敌人，
只有永恒的利益。

——帕默斯顿

第三章 凭什么要给你

克劳塞维茨说过，战争是迫使敌人服从我们意志的一种暴力行为。而让敌人服从我们的意志，要么是敌人和我们争夺利益，要么是敌人妨碍了我们获得利益。因此，战争是人类社会中博弈生存的一种集中体现。战争一旦打响，敌我双方势必都力求获胜，因为那意味着利益获得，而如果失败，不但预期利益得不到，还会遭受更大的损失。因此，古往今来，人们对克敌制胜之道多有研究，在中国最出名的要算《孙子兵法》了。但是，长期以来，很多人认为《孙子兵法》是讲诡道，"兵者，诡道也"，好像什么人学透了它，都能克敌制胜似的。其实不然，对《孙子兵法》有独到研究的黄朴民先生就说道："《孙子兵法》中的谋略虽好，还必须用实力做基础，没有实力，谋略就根本无所施展……譬如说，它讲'地生度，度生量，量生数，数生称，称生胜'。就是说，一定的土地面积可以出一定的物质资源而一定的物质资源，可以出一定的军队，一定的军队就构成了实力的对比，那么实力的对比决定了战争胜负的最后归属，可见，它是很重视实力的。"我们认为，这种认识可谓真知灼见！

1. 人多力量大
——从人口看罗马帝国的兴衰

一定数量人口的存在是人类社会存在和发展的前提。在古代社会，人口在国家权力中占据非常重要的地位。他们不仅是国家军事力量的主要来源，而且是整个国家发展的劳动力保障。而这，也正是古代世界开疆辟土、纵横争霸的博弈活动中最根本的力量要素。因此，人口的多寡，往往决定着古代帝国的兴衰。古罗马帝国的兴衰就是一个很好的例子。

罗马以一隅之地，勃然而兴，成为庞大的洲际帝国。后来又忽而衰亡，文明失落。个中原因，古往今来众说纷纭，其中人口数量是一个很重要的因素。大致说来，罗马共和时代到帝国前期人口发展呈增势。霍普金斯估计，公元前 225 年意大利总人口约为 500 万（自由人 450 万，奴隶 50 万），到公元前 28 年总人口增至 600 万（自由人 400 万，奴隶 200 万）。到公元 2 世纪初，罗马人口可能达到了最高数量。此后，罗马帝国人口开始下降。据拉塞尔估计，公元 1 世纪初，意大利人口总数在 740 万人，到公元 500 年减少为 400 万人，总人数减少近一半。罗马人口的增减基本上是与罗马帝国的兴衰相应的，而这两者的背后，是奴隶制经济形态发展的规律。

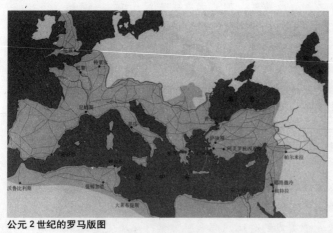

公元 2 世纪的罗马版图

在欧洲、非洲、小亚细亚和阿拉伯、叙利亚及美索不达米亚，均留下了罗马人的足迹。

　　罗马在城邦时期是典型的小国寡民，辖地不过百里，人口不过数万，社会生产者是土生土长的意大利部落居民，过着一种朴素、勤勉、自给自足的田园般生活。小农经济和专门从事谷物生产是拉丁姆地区经济生活的主要面貌。只有"在例外的情形下"，才"使用一些奴隶和一些自远古以来由于宗教束缚而依附于贵族之家的靠客来帮助他们自己"。可见，此时奴隶制经济并未发展起来，生产力水平发展缓慢，人口数量与土地资源之间保持平衡的问题比较突出。

　　人口增长不仅影响经济生活，也深刻影响着城邦的政治体制。人多地少必然会影响到土地资源的占有和分配，导致部分公民减少甚至丧失土地，这在政治上对罗马的城邦体制是一个沉重的打击。土地是公民身份的保障，只有拥有土地，公民才能维护自由公民身份而不致沦为债奴。但如果公民人口增长过快，并因而使部分人失去土地和自由，出现同族人奴役同族人的现象，便会从根本上破坏城邦的公民体制，瓦解城邦制度的基石。在这种情况下，城邦内部爆发了平民与贵族长期而尖锐的斗争，斗争的焦点即为土地、债务与平民的政治权利问题。最终，罗马调整了公民内部的关系，走上了对外扩张、奴役外族、发展奴隶制的道路，使古代奴隶制经济与政治走向发展和繁荣。这主要表现在两个方面：

　　首先，在人口压力下，罗马通过对外征服把意大利、西西里和北非等地变成了自己的"谷仓"。外部的物质财富源源不断地流入罗马，有相当一部分被用来养活城邦内部相对过剩的人口，包括一大批公民出身的流氓无产者。据统计，公元前56年，罗马城无偿领取政府粮食救济的无产者人数达到了32万。

　　其次，对外战争使得大量知识少、文化低和技术落后的罗马公民战士以殖民者身份统治罗马的殖民地和行省。而大量具有较高文化、掌握了熟练技术、擅长工商业的生产者以战俘、奴隶、赠品和商品的身份被强迫迁入意大利和罗马。如公元前209年，南意大利的他林敦有3万人沦为奴隶；公元前146年，迦太基有6万人成为俘虏。他们被广泛使用在各行各业，成为罗马的主要生产者，从而促进了意大利生产技术和生产效率的提高，为帝国的繁荣做出了积极的贡献。

　　概而言之，罗马共和国至帝国时期的人口增长是与奴隶制生产关系的发展紧密相关的。奴隶的集体劳动，提高了生产能力，扩大了生产，创造了更多的物质财富。奴隶劳动逐渐取代或者排斥了自由公民的劳动，使这些公民更多地置身行伍，以掠夺战争、军事扩张为业，形成了"对外扩张——加剧奴隶制发展——更进一步的对外扩张"的互补性循环。这种循环，一方面使得罗马威加四方，一方面也带来了隐患。

这种隐患在人口运动上，主要体现在三个方面：①人口数量减少；②人们的生产积极性下降；③人口构成复杂化。

制约罗马人口发展的因素殊多。除了当时生活水平低下导致的死亡率较高外，主要是人为的节制生育。首先，罗马之兴盛，一个是征战四方之结果，其军队规模甚至与17世纪法国军队不相上下。如此众多的罗马公民常年在外服役打仗，使其生育能力处于闲置状态，而对于男性士兵的重视又使得丢弃女婴的行为增多，致使人口比例严重失调。拉塞尔认为，公元1~6世纪，地中海地区男女性别比率为181：100。而当时罗马又坚守一夫一妻制的婚姻形态，这就使得许多人不得不独身而居，限制了人口的增长。其次，奴隶制的发展使大量自由小农经济破产，许多人在缺乏养家糊口的经济条件下，选择了独身。而上层统治阶层则因富有而过上奢华糜烂的生活，因为有大量女奴存在，他们既要无限制地寻欢作乐，又要省却家庭责任和束缚，故而也多选择独身。再次，不少不独身的人，虽然处于婚姻关系中，但对生育却实行着不同方式的控制。古罗马一般的家庭规模显示了这一点。在古罗马历史上，单子式小家庭是占主导的家庭形式，超过了3个孩子的家庭十分少见。

奴隶人口的增长也减缓下来。随着对外征服战争的结束，战俘奴隶的来源断绝了。家生奴隶也十分有限。因为奴隶主为最大限度地榨取奴隶劳动价值，一般不会给予奴隶太多同居和生育的机会，奴隶人口的生育率大大低于自由人。即使在帝国时期，奴隶主鼓励奴隶姘居生育的情况下，奴隶人口的增长速度也不会太高。

在人口增长受限制的前提下，生产力的提高是帝国维持庞大肌体的唯一条件。但是，由于奴隶成为帝国主要的劳动者，大量的公民人口从物质生产劳动领域中游离出来，他们鄙视物质生产劳动，对生产上的资本投入、技术改良和进步漠不关心。社会物质财富往往不能转到扩大再生产上来，而是被用于寄生性的消费。在这种情况下，社会生产只能是低下的、停滞的，缺乏任何改进的动力。而奴隶也日益不能忍受重负，逃亡、反抗、起义连绵不断，帝国早期那种由外来奴隶导致的生产力发展因此不复存在。

公元 200 年罗马广场的一端

这幅画显示了罗马的繁荣。在神庙、讲坛的周围聚集了不少公众，但细看此图，偌大的广场中竟找不出一个女性的身影。

帝国的霸权与社会生产的扩大主要是建立在对外征服、不断掳掠奴隶的基础之上的。但是，人口下降，使帝国的对外扩张缺乏强有力的军队，社会生产下降也使这一扩张缺乏物质保障，因此，停止扩张成为必然。一旦如此，整个社会的经济和社会运转机制便处于被破坏、瘫痪的威胁中。为了应急，帝国大规模地采取了由马克·奥勒略创始的征募野蛮人的政策，因而导致罗马军队的野蛮人化以及野蛮人在西部诸省的大批定居。这成为促使罗马帝国灭亡的直接原因。

帝国人口构成的变化并不限于此。对外征服和掠夺使统治范围扩大，日益超出城邦范围，造成种族之间、部落之间的融合；战争、掠夺与奴隶制的发展还加速了城邦内部的贫富分化。"本族"与"外族"之间的界限逐被打破。由于罗马世界范围广大，外来种族众多，因此罗马人的出生率必须提高。但是，正如前面说到的，罗马人的出生率不仅没有提高，反而有所降低，罗马人的血统变得越来越不纯洁，稳定的精神和道德标准都丧失了。这无疑是罗马帝国灭亡的又一原因。

2. 落后就要挨打
——论鸦片战争之败

在天安门广场的人民英雄纪念碑上，悼念为争取民族独立而牺牲者所镌刻的文字特别说明："由此上溯到 1840 年"。对于中国人来说，1840 这个年份不应忘记，是年 6 月 28 日，为报复中国查禁鸦片而来华的英国远征军开始封锁广州出海口，中英鸦片战争爆发。对于这场战争，中方占据着相当大的优势。从人口和物力来看，敌少我多。英国是一个小国、岛国，人口少、兵力严重不足。况且它当时世界上许多地方同时入侵，兵力非常分散。当时英分布在本国及广大殖民地的军队总共才 10 万余人。而这次真正能够投入对华战争的兵力，最初只有四千余人，最多时也只不过 1.5 万人。除此，它的物力也极为有限。而中国人口众多，兵源充足，国土广大，物资丰富；从熟悉战争环境情况来看，敌生我熟。英国远离本土来华作战。当时苏伊士运河尚未开凿，"从英国本土航行到中国，至少要 4 个月。从印度到中国，至少也要一整月"。这就给它的兵力、物力供给造成了一定的困难。除此，它对中国的社会、历史、地理环境、风俗习惯、气候等都不熟悉，即使有鸦片贩子做内应，也只局限于东南沿海，主要是广州一带，而对其他地方，尤其是北方，他们还是陌生的。而中国方面则因在本土作战，一切情况都了如指掌，便于军事活动，况且中国还处于以逸待劳的主动地位。但是战争的结果却是人数很少的英国军队轻而易举地击败了中国军队。对于中国来说，是一次"动筋骨、伤国体"的战争。自第一次鸦片战争到 1900 年，列强通过强加给中国的一系列不平等条约，使中国丧失了大片领土，支付了达到天文数字的战争赔款，中华民族在极度的屈辱之中进入 20 世纪。曾经不可一世的大清帝国何以如此一败涂地呢？

战争的较量，一切都要归于武器装备的较量上，而正是在这一点上，敌强我弱。当时，清军武器装备处在冷热兵器混用时代。清军中大部分士兵使用的仍是刀、矛、弓箭之类传统的原始武器，仅有一小部分清军使用的是明朝遗传下来的鸟枪和火炮。中国火药仍按古方配制，含硝量过大，容易吸湿转潮，在沿海江河使用，常因回潮而失效。并且，鸟枪的射程也很近，不到100米，频速每分钟1～2次。而中国方面使用的火炮也是明末清初研制的旧式火炮，射程近、命中率低、摧毁力弱，甚至会经常发生炮筒炸裂的情况。中国的战船装备从清初以来200年没有变化，船体均为木质，也没有装甲，靠人力划桨并配以少量小型风帆，船速慢。船上的兵器装备落后，刀、剑等冷兵器占30%，通常配备中型火炮一门，小型火炮4～6门。这些装备都无力在外海抗击入侵英舰，主要火力只能靠海岸炮台。而英国的步枪、火炮和军舰的研制都在当时欧洲最新的科学理论指导下进行，以准确、细微的定性、定量分析研究为根据，采用机器批量生产。他们使用的是当时世界上最先进的两种军用步枪：伯克

广州海战图 清
这幅英国版画中，一艘中国战船因被英国战舰"奈米西斯"号开炮击中而烧毁。此战发生于1841年1月，地点在珠江三角洲亚森湾，在两个小时的作战中，11艘中国战船被击沉，500名船员全部牺牲，而英军只有几人受伤。像"奈米西斯"号——英国的第一艘铁甲战舰——这样的战舰是英国战胜落后的中国海军的关键。

式前装滑膛燧发枪和布伦威克式前装滑膛击发枪，射程达到300米，频速每分钟3～4发。在火炮方面，英国的制炮工业已经进入十分精确的科学生产阶段。他们使用具有旋转炮架的改进型前膛炮，射程为800～2000米，频速每分钟1～2发。英国的三等战舰就备有舰炮74～78门，五等战舰备有舰炮22～48门，等外战舰备有火炮10～22门。

武器装备的落后不是偶然的，更不是单纯的，它背后是中国全方位、深层次的落后。

鸦片战争前，清王朝是建立在小农业与家庭手工业密切结合的个体经济基础之上的。这种个体经济，就是中国千百年来早已形成的封建的闭塞落后的自给自足的自然经济体系。中国历代封建统治者为了巩固这样的经济基础，防止商品经济的侵入和瓦解作用，无不厉行重农抑商的政策。它们对国内工商业的发展一贯采取限制、摧残的政策，至于海外贸易根本不放在眼里，称得上开明国君的康熙皇帝也曾亲自绘制"耕织图"，以示重视传统的男耕女织的小农经济。雍正皇帝进而颁发"劝农诏"，强调老祖宗们"重农抑末之意"，把工商视为下等之民，把农事者当作"久安长治之本"。在这种情况下，代表先进生产力的资本主义生产方式的因素发展非常缓慢。更重要的是，为了自守愚民，清政府对世界剧变漠然无知，继续施行闭关锁国政策，一方面着重禁止大陆人民出海离境与海外各国进行贸易往来，以及其他任何联系；另一方面又严格限制和管理海外各国洋人来华贸易和活动，妄图达到隔绝中外人民的任何联系与接触。这势必会严重影响与贸易紧密相关的资本主义生产方式的发展。下面一个例子很能说明问题。清朝初年，江南遭受清军的摧残，尤其加上禁海和迁海对生产的破坏，社会经济直到康熙二十三年（1684年）开禁以后才逐渐复苏，大陆商人到南洋进行贸易，"获利数倍至数十倍不等"，东南沿海一带商人每年从海外贸易赚回番银不下千万两，直接刺激了我国东南地区资本主义生产关系的萌芽。当时在金陵（今南京市）一地的丝织业手工工场就有三万家之多，有的工场拥有织机五六百张。但康熙五十六年以后又对南洋实行海禁，到乾隆时再关闭江、浙、闽三个贸易港口，严禁丝和丝织品出口，使"东南之地每岁顿少千万之人，不独民生日蹙，而国计亦绌"，金陵三万家丝织业手工工场只剩下一万零八家。

过度的人口增长，也成为严重的社会问题。1764年全国人口约为2.056亿，1812年增至3.33亿，到1835年达到了4亿多。人口增长速度越来越快，而耕地面积却不可能成倍增长。并且大地主兼并土地严重，道光年间直隶总督琦善占有土地竟达2.5万顷。道光年间全国人均耕地不足二亩，这使得百姓几无立锥之地，造成了流民增多，加剧了社会的动荡。

面对经济的危机，清政府昏庸腐朽、漠然无知。自18世纪下半叶开始，清王朝已经走上了腐败的道路。吏治日益腐败，大小官吏贪风炽盛，营私舞弊，贿赂公行。当时的大小官僚都"以模棱为晓事，以软弱为良图，以钻营为取进之阶，以苟且为服官之计。由此道者，无不各得其所欲而去，衣钵相承，牢结而不可解"。"三年清知府，十万雪花银"是当时吏治腐败、几乎无官不贪的生动写照。

政治的腐败，导致了军制的破坏、军队的腐败。不论八旗和绿营，都如同清朝政权系统一样瘫痪腐败。旗兵是清朝最早的军队。当年，满人凭借八旗劲旅横扫关内而得天下。入关后，清政府又收编了汉族地主武装组成"绿营兵"。八旗、绿营共同担负着维护清王朝的任务，但承平日久，日趋腐败。八旗士兵因受八旗制度的束缚，人身不自由，不能另谋职业，全家都靠官饷维持生活，后来由于人口增加，而兵员限额，披甲机会有限，闲散旗人增加，兵丁负担过重，生活水平下降，厌战情绪日益高涨。八旗官员，尤其是中、高级官员生活优裕，安于现状，思想保守，怕苦怕死，把战争当作是升官发财的机会。八旗官兵战斗力逐渐衰弱，其战略地位逐渐被绿营取代。道光时，绿营已经成了清廷的主要军事力量，他们也是参加鸦片战争的主要力量。但绿营也是腐败丛生。绿营由募兵制向世兵制演变，兵丁世世代代以食钱粮为业。由于当时士兵社会地位十分低下，正经人少有当兵，以致招募的士兵很多是流氓和地痞之类的人，所以，素质低下。绿营采取标、协、营、汛四级编制，遇有战争，零星组合，东调西凑，另派将领统率，这种编制下，士兵为应付政务，操练虚文敷衍。即使受过训练，也仅是学些花架子而已，而且兵力分散，缺乏集中统一领导，难以进行必要的战阵训练。作战时，"将帅莫知营制"、"将士各不相习"，容易溃乱，形成散沙，使绿营的军纪和战斗力大受影响。

比军队战斗力低下更可怕的是统治集团的愚昧无知和软弱无能。清朝开国后与西方通商近二百年，始终不知地球为圆形及有几大洲、几大洋。战争开始后，那些熟读经书考据、善作八股的官僚士大夫们的思想"代差"，认为洋人的腿不能打弯，纷纷提出让"义民以长梃击其足"，即认为用木棍"扫堂腿"就能让英夷倒地不起。多数人还主张"火攻"，援引的依据都是周瑜、诸葛亮火烧赤壁，岳飞在洞庭湖大破杨么等。在广州指挥防御的湖南提督杨芳，见英舰炮炮火猛烈准确，认为是妖术，便依照民间污秽物可以避邪的传说，在全城收集猪羊血、妇人便桶摆在城墙上。结果自然可想而知了。1792年，英王以给乾隆帝祝寿为名，派马戛尔尼率700人的使团乘巡洋舰来华。中国历史上创皇帝年长纪录的乾隆在承德接见他时，只关心英王的年龄、婚姻，并为不设嫔妃这种不关心繁衍子嗣的做法而惊讶。那个被清朝以为是"英吉利朝贡使"的庞大团队，担负的却是战略侦察任务，他们以外交官、军人、学者、技师的身份从各专业角度考察，很快得出分析结论：中国军队要落后三至四个世纪，上千条兵船不堪西方一艘战舰一击；中国经济尚处于手工业阶段，没有机器，尤其没有现代兵工业。马戛尔尼还狂妄设想，英国如发动对华战争，俄国也会乘虚而入，中国就可能土崩瓦解。英国内阁得到报告，便以此为依据开始进行战备。战争开始后，清政府不仅不认真备战、加强防御，反而撤掉了能够抵抗侵略、捍卫国家主权的林则徐等贤明重臣的职务，任用对外妥协投降、卖国求荣的琦善等庸劣之辈。战

乾隆的外交

　　此图作于1793年，描绘中国乾隆帝及其随从接见英国第一任驻中国大使马戛尔尼的情景。这次会盟印证了"知己知彼，百战不殆"的道理，貌似强大的清帝国已掩不住它的陈腐和虚弱。

争初期，除广东、福建、台湾等地认真备战、加强防御外，整个北部沿海各省均在投降派主持下，毫无战争准备。战略要地天津，当时仅有守军八百余人，大沽口炮台，守军不足百人。山海关一带连一尊可用的大炮也没有。林则徐曾先后五次请旨在沿海各省督抚布防。而琦善却是"水师不必设，炮台不必添"复奏，并宣扬"夷船不来则已，夷船若来，则天津海口断不能守"、"边衅一开，兵结莫释"等投降论调。在他看来，英国船坚炮利，中国就是加强防御也无济于事，所以解决中英争端的唯一选择就是忍让求和。试想这样的做法，中国焉能不败？

3. 是什么托起了太阳
——日不落帝国的启示

如果谈及现代历史，我们就无法忘却叱咤风云于近代欧洲乃至世界舞台的大英帝国，因为凡阳光照耀之处，都可以看到它的旗帜在飘扬。到了 19 世纪上半叶，这个大英帝国的势力范围几乎遍及了全球，统治或间接统治着英国本土外的包括众多自治领域、殖民地、代管地及其他属地的广袤领域，版图遍布五大洲，总面积达 3350 万平方公里，相当于本国领土的 130 多倍，殖民地人口近 4 亿，相当于本国人口的 9 倍，终于成了名副其实的"日不落帝国"。有一首诗为此而描写道：

> 大地是英国立国的地方，
> 转遍地球都可看到这个国家。
> 红色的都是英国的版图，
> 别处是一片灰暗。

然而，真正令人惊奇的并不是大英帝国的地位，而是它何以取得如此显赫之地位。要知道早在古代、中世纪时期，英格兰这个大西洋中的一个小岛并没有受到人们的注意。在古代人绘制的世界地图上，它被置于地球边缘的天涯海角。直到中世纪，欧洲大陆的人还以鄙夷的眼光来看待它。在 1414 年召开的一次天主教国际会议上，西、法、德等国的代表还提出英国作为一个小国不应有决定权。那么是什么托起了这个不落的太阳？

对于人类发明飞机以前的一个岛国来说，毫无疑问，要掌握世界霸权首先要实现的就是海上霸权。没有海军的披荆斩棘、保驾护航，英国就什么也没有。正如开辟弗吉尼亚的风云人物、政治家沃尔特·罗利爵士所吐露的那样："谁控制了海洋，即控制了贸易，谁控制了世界贸易，即控制了世界财富。"英国早在 15 世纪上半叶就确定了靠海军征服海洋，靠海洋征服世界的战略方针，都铎时代（1485～1603）为这一目标的实现做出了努力：大力发展造船业（到 16 世纪 80 年代，拥有 100 吨位的船只已接近 180 艘）；创办军火工业（英政府从 1561 年起，与德国资本家技术联合建立起了旨在开采、制造锌、铜的股份公司）；支持和保护海外拓殖活动（不仅鼓励工匠家庭、大小贵族、商人等阶层的人去移民，对海盗的掠夺也暗地里加以"引导"）；组建海军、革新海战技术（亨利七世建造了英国历史上第一艘军舰，亨利八世则创建了独立的

英国海军造船厂

　"日不落帝国"得以建立，有其强大的海军作后盾。图为 18 世纪英国一个大型海军造船厂，占有整个普利茅斯港湾，而在 16 世纪，此地只不过是一个小小的商业港口。

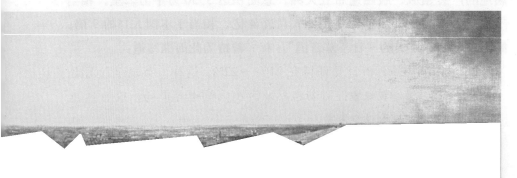

海军兵种，创立"海军局"）。在都铎王朝的努力下，英国逐渐由弱小走向了强大，在海战技术上，英国从此走到了欧洲各国的前面。首先表现在1588年与西班牙无敌舰队的决战中。三倍于西班牙的远程炮卡尔维林炮，在远处就击沉了西班牙战船，战败了"无敌舰队"。接着又一举挫败"海上马车夫"荷兰，颁布了《航海条例》，牢牢掌握了制海权。1805年，击败了拿破仑与西班牙组成的法西联合舰队，成为"海上霸王"，此后长时间英国没有了海上劲敌。"风正帆悬"的大英帝国舰队，自此沧海纵横，所向披靡。至于这支舰队强大到何种程度，有人作以估计：截止到19世纪50年代，英国海上军力在地中海拥有800门舰炮，在大西洋拥有1,000门舰炮，在太平洋和印度洋各拥有300门舰炮。其海军力量已超过了欧洲大陆各国的总和。这种规模的海军是任何其他国家都不具备的，或者说是不可能具备的。因为，如果没有强大的经济后盾根本无法供养如此庞大的军队，都支付不起每年几百万甚至上千万英镑的军费开支（以1870年为例，海军军费支出是980万英镑，而与此同时的德、奥、匈、法、意、俄五国，总共才不过1282万英镑）。然而对英国来说，这却是事实。肇始于18世纪60年代的第一次工业革命为我们作了最好的解说。

第一次工业革命由英国率先进行并完成。它极大地解放了社会生产力，也使经济有了长足发展。在此推动之下，英国建立起强大的纺织工业、冶金工业、煤炭工业、机器制造业和交通运输业。1820年，英国在世界工业生产中占比重为50%，煤产量达1.1亿吨，生铁产量近600万吨，超过美、法、德三国的总和。在世界贸易方面，1840年至1870年，英国所占的比重保持在21%～22%。这样，英国以它无比巨大的经济实力，牢牢地控制着包括欧洲在内的世界市场，成为名副其实的"资本大本营"和"欧洲工业在世界市场上的代表"，号称"世界工厂"和"世界的摆渡人"。难怪英国经济学家杰文斯无比自豪地说："北美和俄罗斯平原是我们的玉米地；芝加哥和敖德萨是我们的粮仓；加拿大和波罗的海是我们的林场；澳大利亚和西亚是我们的牧羊地，阿根廷和北美的西部草原有我们的牛群；秘鲁运来它的白银，南非和澳大利亚的黄金流到伦敦；印度人和中国人为我们种植茶叶，而我们的咖

英军的先进设备

此图展示了 1851 年世界博览会中英国的各种机械。它显示英国在世界科技方面的主导地位不容置疑。

啡、甘蔗和香料种植园遍及西印度群岛；西班牙和法国就是我们的葡萄园；地中海是我们的果园……我们洋洋得意、充满信心，极为愉快地注视着帝国的威力……"拥有世界上最为广大的殖民地，带给英国不只是荣耀，更是巨大实惠。工农业的发展从原料到产品销售无一不涉及殖民地，尤其是英国利用其金融中心的优势，大搞资本输出，到 1913 年，英国对外投资总额为 40 亿英镑，其中半数以上投放在殖民地、半殖民地国家，使"地球上没有一块土地不处于这个资本的魔掌之中，没有一块土地不被英国资本千百条绳索缠住"，正因如此，英国不惜采用各种方式包括"炮舰政策"来维持其殖民统治。

当然仅仅依靠先进的大炮和供给大炮的工厂还不能保障英国的无往不胜，大英帝国之所以能够始终保持强劲的上升趋势，乃至登上世界霸主地位，还有其深刻的历史及政治原因。

生产发生飞跃的关键不在于生产本身，而在于社会和政治的因素；不在于人有没有创造能力和必要的知识，而在于社会能不能创造条件，使人的才能得以发挥，知识得以应用。换句话说，社会的潜在结构能否容忍变革，适应变革，这成了工业化能否发生的关键。历史表明，英国具备这个条件。相对于欧洲大陆的法国、西班牙、俄国，英国历来就具有自由、民主的政治和社会环境。1688 年的光荣革命又为英国创立了立宪君主制这一当时世界上最民主的政治体制。在这一政体中，议会行使国家最高权力，处于主导地位，而君主作为国家元首，只是一种权力的象征。英国君主立宪制这一政治体制的确立，既是革命中资产阶级在建立新政体时，经过多次尝试失败后的选择；又是资产阶级为确立统治权而艰难奋斗的结果。

民主自由的环境为本国知识分子自由发挥其才智提供了条件，诞生出了从牛顿到达尔文、从洛克到汤因比、从莎士比亚到萧伯纳等一系列世界知名科学文化人士，而且还吸引了来自于欧洲大陆专制君主制国家的进步人士。长期稳定的政治局势，对科学技术发展的鼓励，加上其他自然条件，不仅促成了工业革命的发生，亦成为几百年来国力持续增长的有力保证。议会君主制的优势还不止这些，还表现在实际决策过程中的效用。

合理的决策模式应该是假定政府是一个统一体，决策者拥有最高的决策权力，决策者理智行事，掌握了充分、及时、可靠的情报与信息，有各种可供选择的方案和预测各种方案的结果。在这种理想条件下，其决策的过程共分四个阶段：

认定形势→选取目标→探寻方案→最后抉择

在议会君主制下，英国的决策模式如下：由驻外官员、商人收集信息情报得出最新世界殖民格局内阁提议，然后交付上下议院辩论，处理方案以女王名义下达命令，执行结果进行评议，由第一环节的驻外官员、商人反馈信息。由此可见，这种决策是合理的。从

光荣革命

1688年，威廉以保护新教、自由、财产和国会的名义领兵入英，1689年，詹姆士二世被迫退位，这次改变史称"光荣革命"。"光荣革命"确立了资产阶级的统治地位，为建立庞大的帝国统治提供了坚实的政治保证。

这一信息收集、辨析和反馈的流程上看，广泛而又有效的信息收集是决策的基础，其次议院的辩论保证了决策的充分民主性和相对正确性，从而在外交政策中展示了无比的柔韧和灵活。

在西方列强海外拓殖后建立的各具特色的殖民地行政管理体制中，"有两个基本特征把现代大英殖民帝国与其往昔的帝国和其他殖民帝国区别开来，这就是它的规模及其多样性"。为了对庞大并具有多样性的殖民帝国进行有效的统治，英国政府通常是采取不同的行政管理体制。在白人移民垦殖殖民地，如加拿大、澳大利亚、新西兰等国家，由于这些殖民地建立起来的专制政府具有相对的独立性，有着各自的立法机构、宪法和有关法律。英国就允许他们建立自治政府，独自管理自己的内部事务，以此维护其在这些地区的权益。而对于英属印度和其他热带地区的皇家殖民地，由于他们地区各异，成为殖民地的时间不尽相同，专制政府之间也存在着一些差别，英国就采取了另一种治理方案，由政府派出总督加以管理，各个方面都要受到来自伦敦的严密监督。因此，从某种意义上讲，"1870 年以后的现代英国殖民主义史便成了这两种明显的不同的统治手段互相联系和影响的历史"。也正是源于议会君主政体所产生的政府决策的灵活高效性，大英帝国的旗帜才持久飘扬在世界的各个角落，实现了"日不落"之梦。

第四章 按规矩办事

    2004 年 7 月 30 日，在首尔举行的第 9 届三星杯围棋预选赛第 3 轮比赛中的一场开始了，对弈双方是中国棋手黄奕中六段和韩国棋手金江根四段。在棋局中间，黄奕中把对方的几个死子从棋盘上拿了下来，过了一会儿，他觉得自己似乎多拿了对方的一枚棋子，于是又从自己这边拿了一枚送还对方；但又过了一会儿，黄奕中发觉自己送还棋子的举动错了，又要求金江根退还自己，但这一次却得到了对手的反对。凑巧的是，这盘棋的盘面正好是半目输赢，于是那一枚被提的棋子就成了胜负的关键。黄奕中认为自己当时一共提了 5 枚，金江根则认为是 4 枚。 这就涉及了一个规则问题。在中国计算胜负的数子规则中，被提的死子无关宏旨，但日韩的数目规则却是必须把死子重新添回去。这一风波因为两名棋手的姓氏而被形象地称为"黄金事件"。这一事件暴露了围棋比赛中几种规则并存的隐患，体现了体育比赛中统一规则的重要性。

1. 主权在民——古希腊的民主

古希腊选举

传说中的希腊武士正在雅典娜的监视下用石子投票表决。希腊有着悠久的民主传统，虽然在古代这种民主有一定的局限性，但它已深入民心。

20世纪90年代初，西方的学术界突然一下子热闹了许多，"民主政治"成为最热门的词语。西方的古典历史学家、政治学家、政治理论家和古典考古学家云集雅典、华盛顿、牛津、剑桥等地，举行了一系列关于民主政治的学术讨论会。难道是出现了一种影响巨大的民主政治理论？不是。原来，在他们眼中，1992～1993年是民主政治诞生2500周年的纪念之际。公元前508～前507年，克里斯梯尼通过其改革，建立了雅典的民主政体，广大公民在国事管理中享有相对充分而又平等的权利。以民主政治为特征的雅典代表了世界历史的一个新纪元，它奠立了当今西方民主政治的传统。此说或许有些言过其实，因为一方面雅典民主政治并非一时成之，而是经历了一个漫长的过程；另一方面，古典民主与当今西方民主还是有很大区别的。但是，以雅典为代表的希腊民主政治的确是西方世界历史上最重要的政治源流之一，它对西方人的影响可谓至深至远，它在各个方面都以不同的方式对西方世界的博弈活动发生着作用。可以说，希腊民主政治,特别是作为其代表的雅典民主政治,是影响西方博弈生存规则的一种"规则"。我们现在就主要通过雅典民主政治来认识这种"规则"。

希腊民主政治的形成,是多种原因综合作用的结果。首先这是和他们史前社会和早期国家政治组织结构分不开的。在原始社会末期氏族制度瓦解的基础上,希腊进入了所谓军事民主制阶段,同时存在着王、长老会议和民众大会三种权力机构,当时王的个人权力虽然日渐扩大,但另两种集体性的权力机构始终存在,并构成王权的制约因素。建立城邦或城市国家后,军事民主制的组织机构蜕变为国家机关,氏族部落首领转变为王,长老会议演变为贵族会议或元老院,民众大会成为公民大会,它们在国家政治生活中不同程度地发挥着作用。当时,王掌握着国家大权,王位实行世袭制或带有世袭倾向,但希腊的民众仍有权拒绝不合适的王登位。可见,希腊城邦国家承袭了较为浓重的原始民主传统,同时在思想意识方面也保存着较强的集体意识和平等观念以及法治精神。

有了民主传统,还需要有人来保护、遵循、发展这种传统,这样才能形成制度,建成民主。贵族当然不是愿意这样做的人,因为民主政治在某种意义上就意味着对他们权力的剥夺。维护民主传统并建成民主政治的主体力量,是社会中下层群众。这里说的社会中下层群众,主要指梭伦改革时划定的、活跃于公元前5世纪的第三、四等级公民。第三等级包括中小工商业奴隶主和小农阶层,第四等级主要是无地贫民。由于他们在政治上不同程度地受到贵族排斥和压制,无权或少权;在经济上受到不同程度侵害,贫穷而困窘,他们要求推翻贵族政治,建立民主政体。经济状

热烈辩论
梭伦改革前夕,古代贵族热烈争辩的场景。梭伦改革得以推行,取决于民主力量的强大。

况的改善和政治力量的壮大，是他们总体实力加强的基本要素，随着这些要素的发展成熟，民主力量不断壮大，贵族势力相对削弱，从而引起阶级力量对比的变化，促成民主政治的确立。而这方面条件的成熟在很大程度上依靠工商业的发展。雅典地少人多，所产粮食远不能满足国内需求。大多数公民只有依靠经营工商业以营利换取周围产粮区的粮食。

雅典发展商品经济的条件十分有利，而这不得不要提到爱琴海的巨大作用。爱琴海更似一个大湖，它北倚欧洲大陆，西靠希腊半岛，东抵小亚细亚，南面则是防水堤般的克里特岛。在爱琴海碧波荡漾的海面上，数百个岛屿星罗棋布，与周边的海岸一起构成了一个爱琴海的世界。不似东方世界那样大河奔腾、良田千里，而是海陆交错、地少山多、岛屿密布；这里不会建立起农业大国，却以经营经济作物与海上贸易、抢劫为特色。工商业的发展，带来了雅典周围地区的经济繁荣，使

雅典公民投票时使用的陶片

地中海、黑海、小亚细亚、北非形成了一个以雅典为中心的有机联系的贸易网络。以粮食为主体的大宗食品由此而不断运抵雅典市场，从而基本解决了雅典的缺粮问题。不仅公民能以较低价格购得粮食，政府也因此而大力举办福利事业，向公民——主要是贫穷公民分粮放赈。《剑桥古代史》乐观地描述了工商业发展为雅典带来的繁荣景象：雅典公民"不仅可以享受阿提卡的橄榄油和葡萄酒，而且可以食用黑海的谷物和干鱼，品尝腓尼基的椰枣和西西里的干酪，可以穿波斯的拖鞋，睡爱尔兰的床铺、枕迦太基的枕头"。工商业的发展，改变了社会中下层群众的贫困面貌，使他们的经济状况大为改观，维生已经不成问题。经济状况的改观，为社会中下层群众带来了较多的闲暇。这就为公民参加政治活动提供了必不可少的条件。工商业的发展也促成了社会中下层群众在政治上的联合，从而壮大了他们的政治力量。

　　随着民主力量的壮大，雅典民主政治逐步建立了起来。公元前 8 世纪至前 7 世纪的雅典贵族集体进行废黜早期君主制、建立贵族制的举措。公元前 592 年的梭伦改革结束了贵族集团的独自统治，构建起了民主体制的社会基础和基本框架。公元前 509 年的克里斯梯尼改革完成了贵族制向民主制的过渡，其后的厄菲阿尔特的宪政改革和伯里克利实行的津贴制，形成了充分的民主政体。

　　对于雅典民主政治，伯里克利曾经作过一个精辟的解释："我们的政治制度之所以被称为民主政治是因为政权是在全体公民手中，而不是在少数人手中。"这鲜明地表明了雅典民主政治主权在民的特点。所有公民有权参加的公民大会是国家最高权力机构，集立法、司法和行政大权于一身；公民大会定期召开，任何公民都有创议权，在会上自由发言和进行讨论，公民集体商议决定国家一切大事，最后决议以多数票通过；所有其他国家机构或是公民大会的派生物，均直接对公民大会负责。与"主权在民"相辅相成的是"轮番为治"。"轮番为治"是指公民轮流担任公职，负责国家事务。大部分公职则由拈阄决定，以便公民轮流当政；所有国家公职实行短任期制，禁止连任，担任公职完全没有财产资格限制或仅有很低的财产资格限制。雅典的每位公民都拥有轮流任职的机会。这就从制度上避免了因长期任职形成事实上的权力集中以至于专制独裁的流弊，为"主权在民"提供了有效的保证。为了吸引和保证贫穷的公民担任公职和从事政治活动，减轻为生计而忙碌的穷人的经济负担，国家发放公职津贴。不管是"主权在民"还是"轮番为治"，都得到了法律的保护。"法律面前人人平等"是雅典民主政治运行的基本政治原则。伯里克利宣称："解决私人争执的时候，每个人在法律上都是平等的。"官员必须依法行事，一旦触犯法律，便要受到惩处。为禁绝人治，防止独裁，雅典人建立了相应的法律和制度——"陶片放逐法"。此法以公民投票的方式决定对意欲独裁的城邦最高公职者进行放逐的处罚，是为防止个人独裁而实行的一个奇特的法制。在客观上它起到了防止专制、保卫民主的作用。

　　当然，雅典民主有着明显的局限性和鲜明的阶级性。在民主制下，公民享受民主权利凭着自身作为公民集体的一员，也就是说只有公民才能享受民主权利，不在此列的广大妇女和外邦人都享受不到公民权利，奴隶当然就更不用说了。古雅典民主是直接民主制，奉行的宗旨和原则是自由和平等，自由体现于政治生活为"人人轮番当统治者和被统治者"，平等则要求"数学平等"，就是说"全体公民人人相等"。所以，政事须经公民集体议决，由大多数人的意志裁定，实行少数服从多数的原则。但是，这种原则却没有把多数人统治和法治结合起来。这就造成了多数人意志代替法律成为最高权威，多数人肆意侵犯少数人的利益，民主制就走向了反面。这些局限性也为雅典民主政治的衰落埋下了祸根。因为奴隶制经济的发展，要求建立大国甚至帝国，但是，原来以小国寡民为立国之本的希腊城邦却和这一要求背道而驰。城邦体制要被奴隶制的进一步发展所抛弃。雅典的民主制度建立在对雅典国家能够控制的地域内的全体局面作严格等级划分的基础之上。这样，在公民集体内部，随着奴隶制经济的发展，贫富分化加剧，必然会出现不平等的财产私有制与以平等为原则的民主政治制度之间的矛盾，从而使民主政治的经济基础遭到破坏。而公民集体内外划分标准的不同，限制了公民权的扩展，使得民主政治只能维持在一个蕞尔小邦之中，城邦的危机必然带来民主的灾难。果不其然，由于伯罗奔尼撒战争和公元前4世纪前期希腊城邦的争霸混战，希腊各邦逐渐陷入危机之中。希腊的民主政治也开始走向衰落，并最终随着国家的分裂而逐渐消逝。

以雅典为代表的希腊民主政治虽然消亡了，但它却把浓厚的民主精神和民主传统留给了西方世界。它留下了"法律面前人人平等"的政治原则。而这成为后世任何一种民主政治都遵循的基本政治原则，并以此作为衡量政治生活是否民主的尺度，作为政治活动的行为准则。它留下了国家机构"三权分立"的组织形式。雅典的公民大会、五百人会议和陪审法庭是国家最主要的民主机构，它们分别拥有立法权、行政权和司法权，虽然其权力还有部分交叉，但"三权分立"的轮廓是明确的。现今西方国家的权力制约机制已远远超越了三权制约的古典形态，除国家权力的自我约束机制之外，还有了国家权力的外部约束机制。虽然如此，但仍无法否认雅典民主"三权分立"的组织形式乃其雏形。它留下了"少数服从多数"的决策原则。雅典民主政治在处理国家事务的时候，不但要尊重公民的意愿，而且要尊重公民多数的意愿。因此，对事务的决策以多数人的意愿为取向，"少数服从多数"成为决策必须遵循的一个基本原则。近现代各国的议事会在决策上也遵循这一原则，规定了决定法案和决议是否有效的法定人数，多数国家把法定人数确定为全体议员的半数以上，多数的决策总是起决定性作用的。它还留下了国家公职选举任期原则。选举制是检测民主政治的一个重要标志，也是民主政治是否实行的重要特征，其核心在于国家各级公职人员的选举。当今西方民主选举制正是遵循了雅典公职选举任期制原则。总而言之，雅典民主政治所倡导的民主原则和宽泛的自由精神，成为后来欧洲民主和自由的基础和滥觞。

2. 万民之法——古罗马的法律

　　德国民法学家耶林格说："罗马曾三次统一世界，第一次以武力，第二次以宗教，第三次以法律。而第三次征服也许是其中最为平和、最为持久的征服。"美国著名学者莫里斯也曾说，罗马人"用武力征服全世界，并没有像用他们那种伟大法学之不朽的力量来得大"。他们对罗马法除了神话般的赞赏之外，很少有人指出过罗马法究竟有什么缺点。事实的确如此，迄今为止，现代的生活方式虽然在很大程度上摆脱了过去的樊篱，但它还远远不能"跳出过去的手掌心"。尽管在不同的国度有其不完全一致或完全不一致的表征，但"它们在共同渊源中存有一般的认同"。罗马人通过罗马法表现了其杰出的人类智慧。对此，马克思、恩格斯也给予了高度的评价。恩格斯说："罗马法是简单商品生产即资本主义前的商品生产的完善的法，但是它也包含着资本主义时期的大多数法权关系。"资产阶级取得政权后，差不多都以罗马法为基础（尤其是大陆法系国家），结合本国的实际情况制定和改造自己的法律体系，如《法国民法典》和《德国民法典》。还有许多法律制度是直接来源于罗马法而发展起来的，如律师制度、破产制度、陪审制度和公证制度等。罗马法在辉煌了几百年之后，因日耳曼帝国的入侵而随着罗马帝国的衰落逐渐被岁月所尘封，但伴随时间的流逝，罗马法却再次登上了历史舞台。公元12世纪始，罗马法又为世人所发掘、整理和研究，再现昔日的辉煌，史称"罗马法复兴"。正因为此，罗马法至今仍保有对现时代的影响和价值。其中，没有被历史的千山万水所阻隔的罗马法规范、原则与精神一脉相承地延续到现代，导致了现代西欧法制诞生。罗马法迄今已有二千多年的历史了，为什么距今两千多年前的古罗马奴隶社会的法律对后世会产生如此深远的影响？

罗马法是罗马奴隶制国家全部法律的总称，包括从公元前6世纪罗马奴隶制国家形成至公元6世纪东罗马皇帝查士丁尼编纂法典为止期间所有的法律。它是当时社会商品经济发展到一定阶段的产物。

早期帝国时代的社会经济有了进一步发展，整个帝国呈现出某些繁荣的景象：生产技术水平有了明显的提高，以小作坊为主的手工业生产在帝国各地都有进一步发展，业生产普遍进步，商业贸易达到了空前的繁荣，罗马商人的足迹遍布四方。它充分表明了商品经济在罗马社会的普遍和深入。这点从罗马法的内容上便能看出。罗马第一部成文法（十二表法），第一表，审判引言、审判条例；第二表，审判条例（续）；第三表，债务法；第四表，父权法；第五表，监护法；第六表，获得物、占有权法；第七表，土地权利法；第八表，伤害法；第九表，公共法；第十表，神圣法；另加两表补充条例。从具体内容可知当时私有制及债权制度的详情，如它规定别人不得将他人的东西占为己有；规定债权人对不还债的债务人，可令其返还，否则可以处死债务人，或售之于国外等等。这些规定体现了私有制为基础的简单商品生产发展的最一般的规律。这一点在集罗马法之大成的《查士丁尼法典》中更为明显。该法由人法、物法、诉讼法三个部分组成，它以权利主体、权利客体、私权保护为编排顺序。人法规定人的法律地位、人权的内容及其变更、婚姻、亲属等内容；物法包括物和物权、所有权、他物权、继承、代理、契约、侵权行为、信托等内容；诉讼法包括审判员的职权、诉权、诉讼担保、诉讼时效、抗辩、答辩、特别命令、公诉等内容，这些都较为客观地反映了私有制和商品生产运动的一般规律。

罗马法与一般古代法律不同之处还在于立法技术。无论古巴比伦的《汉穆拉比法典》，还是西欧中古时期各日耳曼王国的法典，都是一些具体的规范，是对司法实践的直观总结；而罗马法都是高度概括抽象的规范，人权、物权、债权、诉权、法律行为等概念只有在司法实践的基础上，经过法学家们的研究总结才能出现。罗马法学的繁荣是其他古代法律无法比拟的。法学家们不但就法律问题进行解答，直接投入司法实践，为诉讼当事人撰写诉状，协助诉讼，而且还著书立说，对法律问题进行探讨。法学家的活动对罗马法的发展起了巨大的作用。当然，要做到这一点，离不开统治者对法学教育和法学研究的重视。查士丁尼皇帝就认为：皇帝的威严不但依靠兵器，而且须用法律来巩固，皇帝既是虔诚的法纪伸张者，又是征服敌人的胜利者。因此，他即位之后特别重视法律工作，委任特里波尼安大臣主持法典编纂，计划整理以往大量的皇帝宪令和浩繁的古法书籍，终于制成了古代社会最完备、最发达、影响最大的法典——《查士丁尼民法大全》（又称《国法大全》或《罗马法大全》）；通过法律规范的系统化，力求达到巩固皇权的目的，并运用这个法典为其挽救奴隶制的统治服务。

在统治者对法学的提倡下，罗马职业法学家的活动异常频繁。当时有名的法学家除积极协助国家进行立法工作外，还担负着解释和答复法律上的疑难问题、编撰合法证书、指导当事人起诉和著述等主要任务。公元 426 年，东罗马皇帝狄奥多西二世和西罗马皇帝瓦楞提尼亚鲁斯三世同时颁发赦令，明确宣布五大法学家（即巴比尼安、盖尤士、乌尔比安、保罗士和莫特斯丁）以前的著述，以及连同被他们引用过的其他法学家的著述均具有法律效力。通过上述一系列的实际活动，弥补了法律上的许多不足，使法律能适应社会的需要而不断发展。这一局面持续了一百六七十年之久，形成了法学界百家争鸣的局面。法学界人才辈出，各种法学学说相互竞争，不同法学流派相互对峙，罗马法学得到了空前的发展，达到了古代法学的高峰，为罗马国家的法制建设做出了杰出的贡献。难怪在古罗马有这样一句谚语：法学家创造了罗马。

罗马法产生的特定历史背景，使得罗马法无论在形式上，还是在内容上都具有逻辑性强、内容系统、条理分明的特点，使其在一定历史条件下的复兴成为可能。11世纪后，随着罗马法的复兴，大陆法系逐步进入了发展阶段，最终成为世界上影响最大的两大法系之一，对后世产生了深远影响。主要有以下几个方面：

首先，法律不再是某一个人意志的反映，转而体现客观规律。自然法在罗马法中只指人和动物之间共同性质的一些法则，即"万物本性"。流行的观念是：他们的法律制度由两种元素组成，一半受其特有的法律支配，一半受人类共同的法律支配。罗马皇帝曾有句名言："联诚为陆上之主，但海法乃海上之王。"罗马法著名学者保罗给自然法下的定义是："永远是公正和善良的东西"。法律精神绝不仅仅是体现统治阶级意志的主观性一面，而且也包括社会规律的客观性一面。自然法的思想对罗马法的进步和发展也产生过巨大的影响。西塞罗认为：国家与人的最高行为准则均在自然法中，自然法是衡量一切人定法的唯一标准，法律体现着正义，法律的目的是为了维护国家的统一和人民的安全和幸福，所以凡是各国制定的法律，符合这种目的的才是"真正的法律"。西塞罗的这些自然观为罗马共和国与帝国时期之交产生的日益完善的万民法奠定了理论基础。帝国时期斯多葛学派自然法思想继续影响着罗马法的进步。他们认为：人们所根据的"自然平衡"原则乃是一个理性的统一体，它意味着法律规则是为人们所普遍接受或公认的。万民法就是在上述基础上建立起来的"所有国家共有的法律"，它以罗马市民法为基础，参照地中海沿岸各国的商事习惯法而制定，目的是用以调整罗马统治区域内全体人民的社会法律关系，它是罗马法发展到较高阶段的产物。罗马帝国形成以后，法学家阶层在罗马逐渐形成，他们基本沿袭了西塞罗和斯多葛学派的自然法思想，对罗马法做了更深入的研究，表现出重视法律实践的本色，提出了关于立法和司法的技术和方法论，提供了关于法律，尤其是私法的许多基本概念和原则。这些概念和原则包含着丰富的法理，如物权理论中对所有权的种类、形式，所有权各种权能和自物权、他物权的划分及其相互关系的理论，至今都有现实意义。可以说，没有自然法，就没有后世发达的罗马法，正如梅因所指出的"从整体上讲，罗马法在改进方面，当受到自然法理论的刺激时，就发生了惊人的进步"。

其次，法律在公法和私法上的区分，为实现从身份到契约的转变提供了条件。罗马法的发展史就是不断地以个人本位代替古代家族本位的历史，摆脱家族权威的束缚而树立个人权利、走向权利平等的历史。罗马法对公法和私法规范的性质有著名的论述："公法的规范不得由个人之间协议而变更"，而私法的原则是"协议就是法律"（即私法规范可以由私人的协议变更）。公权主要体现在国家权力，而私权主要体现为个人权利。"罗马自然法和市民法主要不同之处在于它对'个人'的重视，它对人类文明所做的最大贡献就在于把个人从古代社会的权威中解放出来"。

再次，罗马法实现从经验到理性的提升，为历代法典的制定提供范本。马克思在他的《黑格尔法哲学批判》一书中说："罗马人是独立自主的私有财产的唯理论者。""其实是罗马人最先制定了私有财产的权利，抽象的权利，抽象人格权利。""罗马人主要兴趣是发展和规定那些作为私有财产的抽象关系的关系。"罗马人对私法的贡献就在于他们对私法权利的高度抽象和理论思维。罗马法精神中的理性主义首先表现为法典化。法典自身就是高度理性的体现。罗马法中的债权制度、物权制度、人格权制度就是这种高度抽象概括的表现。

最后，"法律高于政治"，这一理念的形成，奠定了西欧法制现代化的思想基础。罗马人创造了许多权利义务的种类和形式。从权利的构成来看，罗马法的权利概念已经包含了以下四方面的内容：第一，受到法律支持的习惯和道德的权威，如家父权；第二，受到法律支持的习惯和道德权力，如财产所有人的财产处分权、债权人对债务人的权力；第三，受法律保护的自由，如放弃遗产继承的权利；第四，法律身份，即罗马公民或外来人在法律关系中的地位。"罗马的私人权利是私人权利的古典表现"，而且，他们把私人权利看成国家权利的最高准则"这种"现代权利的萌芽"为后世法学家所继承和发展。

罗马社会之繁荣，罗马国家之声威，罗马霸业之强盛，早已成为悠悠往事。然而。罗马法律的基本精神，罗马法律的大部分内容，却逾千古而犹存。正如学者陈朝璧所述："罗马法，死法了，失其强制力者久矣；

今之学者何乃研究不懈耶？曰，罗马法影响于现代各国法例最大，且其原理有条不紊，凡各问题每能适应社会之背景，而有合理之演进，故各国法科皆以罗马法为必修课程。"就此而言，罗马法不只是罗马人的法律。而且是全人类的法律；不只是罗马人的文化遗产，而且是全人类的文化遗产。由于新的法律体系和种类不断涌现，人们可能会问，在多大程度上，它们将会受到罗马法的影响呢？这是个难以回答的问题。但无论如何我们很难相信那些已或多或少、直接或间接地对许多国家的法律产生过影响的罗马法概念和原则，会不留下丝毫的印记。换言之，人们有理由相信，这个"构成现代世界文明的因素"将会继续影响这个世界。

3. 不可思议的契约
——透视 1381 年英国农民起义

1381 年，英国发生了一次历史上声势最大的农民起义，这就是瓦特·泰勒起义。在叙述这次起义之前，我们先来回想一下中国明末的农民起义。明朝末年，各种社会矛盾空前激化，突出表现在农民与地主阶级之间的阶级矛盾。地主阶级大肆兼并土地，致使"富者田连阡陌，贫者无立锥之地"的局面。丧失土地的农民就只能岁岁饥荒，食不果腹，甚至卖妻鬻子，彼此相食，忍无可忍之下，在李自成等人的领导下，掀起了一场浩浩荡荡的农民起义。而作为英国历史上最大规模的起义，我们却看到了另一种情况。农民们并不是因为没有土地才起义的，恰恰相反，当时英国的情况是人少地多，领主们也没有对农民多施加比以前重得多的压力。1348 年，英国爆发了令人谈之色变的瘟疫——黑死病，导致了大约三分之一的人口死亡，因此，耕地荒废严重。这时候农民并不愁没地可种，没饭可吃，有的领主为了确保劳动力充足，甚至给予农民相当可观的好处。地主和农民的矛盾在于，许多地主面对大量的土地和当前的高粮价，企图保持瘟疫之前的农奴待遇。而农民们却摆出自己的条件向领主要求减轻地租，并给予高额的劳动报酬。他们的起义与其说是官逼民反，不如说是农民们向领主们集体施加压力，取消他们的与地主之间的人身依附关系。他们也不想打倒国王，而是想借助国王的力量来达到自己的目的。在他们的这一切活动中，契约都起着不可思议的"神秘"作用。从某种意义上来说，他们是想用一种获得自由的契约来代替一种人身不自由的契约。为了说明这一点，我们还是先回顾一下这场起义的前因后果。

1348 年黑死病爆发后，城乡劳动力极度缺乏，工资呈上升趋势。1349 年，国家颁布劳工法令，规定 12～60 岁的成年男女，如果没有生活来源，就应该按照黑死病以前的工资受雇。这种做法导致了农民们的不满。另外，英法百年战争进行到后来，战局对英国不利，英王加紧搜刮金钱物资装备军队，以便抵挡法国的攻势。1377 年，国会决定征收人头税，14 岁以上的英国男女，每人 4 便士；1379 年又征收一次人头税。1380 年国会决定将人头税增加到每人 1 先令。但是，在征收过程中，富人们纷纷逃避掉了，而税吏又多有中饱私囊之举，这就引起了农民的抵制，这次交纳人头税的人数仅仅是 1377 年的三分之二。1381 年 3 月，国王不得不派官吏到各地去调查纳税情况。其中派往埃塞克斯的

英法大战之海战图

战争是一种消耗国力的行为，为了获得战争经费，统治者会提高赋税。

汤姆斯·巴普顿召集各镇居民，宣布要征收人头税。但是福屏镇的居民回答说，他们不能再交纳1便士，因为他们已经从征税员那里得到了收据。巴普顿便愤怒地威胁他们。故而，这个镇的居民便联合其他地区的居民，发动了起义。这次起义的主体是农民，他们在瓦特·泰勒的领导下，在伦敦居民的支持下进入伦敦城，主张征收人头税的兰开斯特公爵住宅被农民烧毁，大主教苏德伯雷、财政大臣海尔斯被处死。国王理查二世慌忙躲进伦敦塔。起义者们围住了伦敦塔，声明在他们捉到躲在塔里的叛徒，得到解放一切农奴状态的证书和满足其他诸要求之前，决不回家。国王无奈，只好满足他们的要求。他让书吏写下了一张文据："英格兰和法兰西国王理查，感谢与他商量的人民，因为他们如此急切地要求来觐见和保卫国王，并宽恕他们之前所犯的一切非法入侵罪、隐匿罪和其他重罪。命令他们每个人现在都回家去，命令每个人把他的苦难写下来交给他。他将在他的忠诚的贵族和王廷协助下，提出利于他和人民以及全王国的补救办法。"国王当着大家的面在这个文件上盖上了他的印，并由两个骑士把它送给起义者。但是起义者不相信这个文据，并焚烧了许多房屋。国王无奈，只得次日再一次面见起义者。瓦特·泰勒代表起义者要求，将来没有人处于农奴制之下，没有人向任何领主行任何方式的臣服礼或向他服役，每人为他的土地只付每英寸4便士的地租，他们还要求，除出于自己的商量愿望和依照正规的契约规定外，任何人将不再服役于任何人。国王被迫接受了这些条件。于是，部分起义农民离开了伦敦。但是另一

瓦特·泰勒领导的英国起义

画中瓦特·泰勒率领起义军攻进伦敦，掌握了与国王谈判的筹码，国王却设好鸿门宴，混在队伍里的士兵给了他致命的一剑。

部分继续围困国王，提出废黜反劳动人民的法令，没收教会地产等进一步的要求。伦敦市长在这次谈判时杀死了泰勒，接着在国王的威逼利诱下，起义队伍四散，国王军队和地方领主们则组织起来，跟踪而至，击败了分散的起义者。起义虽然失败了，但是农奴制在起义之后迅速瓦解了。从这个意义上说，起义失败了，但是目标却基本达到了。

我们看到，在这一次起义中，起义者并不是像中国大多数农民一样，一味地要求分田地、杀豪强，甚至要杀了那个"狗皇帝"，换一朝天子，至于新天子给他们什么，他们就不大关心了。瓦特·泰勒等人要求的不仅仅是土地，更重要的是取消土地带给他们的人身依附关系，也就是农奴制。如果这一步达到了，那么不管换了什么国王，他们的权利都将得到保障。这实际上就是一种契约的力量。正如他们要求的那样，在依照正规的契约规定外，任何人将不再服役于任何人。并且，在整个起义的过程中，契约的影子到处可见。起义之所以暴发，是因为他们已经交了人头税，并且已经从征税员那里得到了收据。在向国王提出要求时，国王要写下文据，并当众盖印。契约的力量为何如此之大？这还要从农奴制的形成说起。

农奴是西欧中世纪的直接生产者，农奴制是西欧封建社会生产资料（主要是土地）所有权与使用权的主要体现。在向封建制过渡的时期，国王为了保持兵源，禁止奴役小农，并且命令农民必须随自己的伯爵或领主从军作战，各级封建主则力图控制他们以保证充足的劳动力。由于王权衰微，后者在争夺中占据了上风，而小农亦多有不堪兵役重负者，委身于富强门下而失去自由，变为农奴。农奴制的存在，主要基于农奴与封建主之间人身依附关系的维持。由此造成了农奴人身不自由，主要表现在要承担劳役地租，这是农奴最主要的负担。虽然农奴的身份是不自由的，但是农奴的生活和劳作却受到了一系列契约的规定，从而使得中世纪西欧的农奴较少地出现类似中国农民所受到的那种"无尽的"剥削。不管是其人身的依附性，还是其劳作的自主性，都有专门的契约加以规定，如果有与这些契约相出入之行为，庄园法庭等机构则会涉入。从法律上讲，这就是庄园法的相关内容了。庄园法基本上是一部习惯法。在中世纪西欧人的观念里，并不以统治者的意志或他们颁布的什么规定为当然合法，而是将过去存在了相当时期的事情和做法认为合理、合法。最初时的统治者似乎也不完全反对这样的观念，他们在法律方面的工作，主要是搜集、整理在社会与民众中业已实行的习惯做法，经修饰后置于某种"法令"或"条例"里，以期人人皆知，人人遵循。

在农奴和领主的契约中，对农奴各种类型的劳役和义务开始规定得非常具体。而且，人们还开始赋予这种契约一种普遍性，即不仅适用于个别庄园或个别地方，也适用于一个地区甚至一个国家内的全部庄园，在某些情况下适用于西欧整个基督教世界内的所有庄园。农奴所要耕种的土地主要有两部分，他们自己的所需主要从农奴份地上出，在为领主负完劳役之后，他们就可以在自己的份地上劳作。农奴负劳役之地，就是领主的自营地。农奴每个月主要干什么，都有专门的规定。比如一月往地里送肥料，四月耕种休耕地、种蔬菜、修正果园，六月收割干草，八月收割庄稼等等。在双方的契约中，最重要的是劳役的数量问题。一般说来，每周要工作三天。从天使长节（9 月 22 日）到次年豪克日（8 月 1 日）这一长段时间里，一般劳役保持每周三日。但是 8 月 1 日到 9 月 22 日这一段秋收大忙季节，则要大为突破三日之数。三天的劳动日具体在哪一天也有规定，但具体的工作日期、工作内容可以变更，因为农业生产本身十分复杂，而且受气候、季节等外部条件的影响比较大。除了这种每周三日的正常劳役外，还有帮忙，即不在正常劳役之内的其他义务。例如帮工（收割季节首先帮助领主收庄稼的义务）、搬运（为领主运送农产品或其他生活用品）、伐木、修路等。如果是挖沟，则规定一日应挖多长、多深、多宽；如果是打谷，则规定一日应打完多少捆庄稼。例如，打谷一日的任务量为 2 蒲式耳小麦或 1 夸脱燕麦，割草一日为 6 英亩，割谷则为半英亩等等。即使对可能偶然出现的情况，也做出相应的规定。比如，劳役日恰好是下雨天，须在本周内另安排活计；如果已干了一段时间，则可不必再补，除非当天天气放晴能重新劳作。在收获季节的帮工中，对佃户、领主双方的义务都做出严格的规定。一般每户派一名劳力，但如果去了两人，干到中午就可收工。帮工后，领主常常提供较为丰盛的膳食，而且对每顿饭的品种、数量和质量也作出规定，包括黑面包还是白面包，有无鱼肉，有啤酒（称为"湿餐"）还

一群全副武装的暴徒在洗劫一位富商的家

　　在英国，不堪重赋的城市贫民和广大农民组成的起义者通过暴动发泄心中的愤懑，一切现行的博弈规则都失去了作用和约束性。

是无啤酒（称为"干餐"）等等。如不兑现，佃户有权拒绝帮工。这种事无巨细的契约规定，对农奴的怠工是一种监督，对领主的随意克扣与盘剥无疑也是一种限制。

　　这种契约得到了法律的保护。双方一旦发生争议，应依据法律在法庭范围内解决，如同领主制裁一个农奴也要在法庭范围内解决一样。而在法庭上，领主仅仅是主持人，法官则是全体出席人，被称作"诉讼参加人"。当佃户的权利受到领主侵犯而又不能得到法庭保护时，自由身份的佃户可以越过庄园法庭向领主的上司或王室法庭申诉冤情。如果佃户的身份是农奴，他们无权上诉，但他们可以集体对领主提出要求，有时还以集体拒服劳役的方式施加压力。作为最后一种手段，他们可以逃离到城市、新垦区和另一个庄园。这种集体施加压力的一个成功事例，是 12 世纪意大利某地农民的成功起义。起义后，意大利城市公社授予起义农奴权利特许状，该特许状保障农奴的赋役固定，而且确保未经法律程序不得监禁农奴。

　　瓦特·泰勒起义其实就是一种集体施加压力的过激运动。他们先前的处境是由契约规定的，现在要改善就必须有一个新的契约规定，而新契约代替旧契约这个事实同样需要国王签署契约的认可和保护。而实际上，国王同样要受到契约的制约，因为在中世纪的西欧，国王的权力其实脱胎并受制于封君封臣关系。而封君封臣关系其实就是一种契约关系。

封君封臣制由罗马的家丁护卫制与日耳曼的亲兵制融合发展而来。罗马帝国晚期政治混乱，许多大地主都养家丁以自卫。大地主与家丁之间结成一种主从关系，前者供应后者以衣食装备，而后者则负担前者家庭财产的护卫之责。与此同时，日耳曼人中盛行亲兵制，亲兵制中军事首领与亲兵的关系与罗马家丁护卫制具有相似的特点，这使得作为征服者的日耳曼人似乎熟悉而易于接受这种制度。于是亲兵制与家丁制渐趋合流，由此产生了一种新的制度——封臣制。起初，国王将封臣招进宫内供养，后来由于封臣人数增加，这种方式难以实行，国王遂以封赐土地代之，让封臣自养。所赐土地只能终身使用，不可世袭，称为"采邑"。查理·马特任法兰克宫相时大力推广采邑制，由此建立起以土地关系为纽带的封君封臣制。加洛林王朝统治时期，封建主纷纷割地称雄，与国王分庭抗礼，封建割据日烈，王权日衰，封君封臣制得以巨大发展。作为这种发展的重要表现，除了土地采邑化外，官职和许多教职也采邑化了。君臣关系结成后，双方互有义务。11世纪的封建法学家把封臣对封君的义务归为三项：其一是"效忠"，即从消极方面讲，封臣不得做危害封君之事，包括不得损伤封君的肢体，不得泄露他的秘密或出卖他的城堡以致危害他的安全，不得在司法审判或其他与封君名誉有关的事件中伤害封君，不得损害他的财产，不得给封君制造麻烦等。其二是"帮助"，其中最重要的是奉召为封君服军役，它是封君封臣关系的核心。封臣要自备战马武器、顶盔掼甲为君作战、守城、管理庄园或护君出巡，大封建主还要带定额骑士共往。服役期限一般一年为40日，倘若超期，他们可自动回家。然战事未了，封君若要封臣继续服役，必须负担臣子所需费用，且支付报酬。另外，封臣还须在封君危难之际提供金钱支持，如负担封君被俘时的赎金。这项负担初由封臣志愿缴纳，后来发展成为一种强制性赋税。另外，在封君长子成年晋封为骑士、长女出嫁时也须提供资助，这些费用统称为"协助金"。其三是"劝告"。封臣应出席封君法庭，为封君出谋划策。封君对封臣也有义务，封君不得对封臣的生命财产造成威胁，还要在封臣受到攻击时出面相救。更重要的是封君要维持封臣的生活供应，或为封臣提供食宿，或赐予采邑使其自养。后者后来渐成为主导形式。上述仅仅是一对封建君臣的关系，或者说是封建等级金字塔中的一个环节，封君封臣关系的实际表现则要复杂得多。一个人往往兼封君与封臣于一身，同时既有若干个封君，也有更多的封臣，"这就给这种表面似乎和谐一致的关系增加了很多混乱"。如在一臣多君的情况下，若两位封君不和，问题就出现了：他应该支持哪位封君？后来演化的结果是，在众君中选择一位主君，再后来，一个封臣又不止一位主君了。总之，封君封臣关系在实践中的表现异常复杂，所以恩格斯说它"造成了一团乱麻般的权利和义务"。

以土地分封为基础的封君封臣制和以劳役剥削为主的农奴制，是西欧封建制度的两大基石。这两者都体现出了一种浓厚的契约色彩。在中世纪早期，王权衰微，社会秩序混乱不堪，这种契约关系其实在这种表面的无序中发挥了一种有序的作用，它保护了个人的主体权利，为社会的良性发展创造了条件。而在这种契约之下展开的权力斗争中，产生了一整套的政治博弈规则，也就是西欧的政治法律制度，并形成了一种政治博弈传统和思维习惯，为近代人所继承。

4. 一起挣钱——中世纪的行会

博弈的存在和运行需要一定的规则，但是，这些规则不是一成不变的。韩非子有言：世异则事异，事异则备变。时代发展了，环境不同了，规则如果还维持在原来的状态，必然会给正常的博弈带来阻碍。只有跟上时代前进的脚步，不断调整博弈规则，才能保证自己不被淘汰，保证自己不断地获得利益。正如梁启超先生所说："穷则变，变则通，通则久。"中世纪西欧的行会就是一个规则变迁的很好例子。

行会是为了保护本行业利益而互相帮助、限制内外竞争、保障稳定经营、解决业主困难而成立的一种组织。11 世纪以来，西欧城市出现了一个兴起的局面。在意大利北部，以威尼斯为中心形成了一个城镇网络，其中有帕维亚、特雷维佐、维琴察、腊万纳、切泽纳、安科纳等城市；而以比萨为中心则有托斯卡纳、锡耶那、卢卡、佛罗伦萨等城市。在尼德兰，13 世纪前后也是城镇林立，有根特、布鲁日、伊普尔、里尔、杜埃、阿拉斯、图尔内等城市。在法国和英国也同样出现了许许多多的城镇。在 12 世纪、13 世纪时，这种情况更为明显。据统计，英国在 1100～1300 年间，出现了共 140 个新城市。随着城市的发展，城市工商业也迅速发展起来。这种发展，是以农村手工业的发展为前提和背景的，城市的手工业者，主要来自村庄和领地，他们住满一定期限，成为市民。另外，城市手工业以出售商品为生产的出发点，城市内部的市场有限，也需要农村经济的突破，来提供巨大的市场。但是，城市手工业的发展也有不少困难。在当时，农奴的身份是不自由的，逃亡到城市的手工业者常常为原来的农奴身份所累，甚至被领主捉回。另外，在中世纪早期，王权衰微，社会混乱，尚不发达的工商业活动经常受到各种势力的打击。为了对付封建势力的侵扰，保护辛苦学得的手艺免遭逃亡农奴的竞争，捍卫同业者的共同利益，手工业者和商人组成本行业的特殊联盟——行会（guild，音译基尔特）。它是"由直接需要——对保护财产、增加各成员的生产资料和防卫手段的关怀而产生的"。除法国南部一些城市外，几乎所有的西欧城市都有行会组织。

从某种意义上说，行会的产生和存在，本身就是当时的社会条件下规范工商业活动的一种规则。行会成员由每个手工业作坊的作坊主组成，称匠师或师傅。但是，并不是所有的作坊主都可以参加。他必须有一定的经济保证和法律地位，也不能有任何众人所知的不良品质。比如林城圣三一行会就规定，"凡生为农奴或处于类似状况中之人，或任何学徒，俱不得加入本行会。如因长老及众兄弟不知实情，已被接纳入会者，一经查明并合法证实之后，此人将立即丧失行会会籍。"但是，如果被排除在行会之外，从事正常的工商业行为就十分困难了。比如法国巴黎 13 世纪的羊毛织行会章程就规定："如果没有从国王处购得手工业执照，任何人不得在巴黎做羊毛织工。""如果自己没有从事手工业的本领，如果又不是匠师的儿子，任何羊毛织工及任何其他人，在巴黎地方的界限内，不得拥有作坊。" 14 世纪南安普顿的行会对会员身份的继承问题有如下规定："若某公会成员去世，他的长子或者第二继承人将拥有其父在公会内的席位，或者是其叔父的席位——如果他本人的父亲并非公会成员，而其叔父又无其他继承人的话；并且后者不会因此席位而支付任何费用。一个丈夫不可因其妻子的权利而获得一个公会内的席位，也不可以因其妻子祖先的权利而要求得到会员的资格。"

进入行会后，会员还必须承担一些义务，也享受一些权利。比如对其他成员提供生活上的帮助，用会费和罚款的收入赈济鳏寡孤独，举办婚嫁丧葬，修建公共会所。同样是南安普顿的行会的规定，"若某会员不幸去世，所有在城内的会员都要帮忙处理后事，他们要把死者的遗体运送至墓地。

塞纳河上的巴黎

　　从 1180 至 1223 年，在腓利二世的统治下，巴黎迅速成为第一流的城市。

要是某人没有做到这一点，不管他是谁，都要按照其誓言，拿出两便士来给穷人。在死者安放在自己房间的那个晚上，其守护者们需要找一个人整晚待在他的身边。在直到尸体被埋葬的整个葬礼过程中，即守夜和做弥撒时，都要点燃 4 支公会的蜡烛，每支蜡烛重两磅以上。事毕，这 4 支蜡烛继续由行会的管事保管。""若有会员陷于贫困，没有必要资金来维系生活，并且不能劳动或者自给，均可在行会集会之时从行会获得一马克来缓解困境。"相对于义务来讲，行会会员所享有的权利是行会的吸引力所在。工商业者只有加入行会，才具有合法经营的身份。行会会员在原料购置、生产过程、商品买卖上都有垄断性的权利。"若非商人公会成员获得到特权，南安普顿的任何人都不得在该城内倒买倒卖。倘若有人违反之并且这种

染布坊 作于 1482 年

图为在火炉上的一口大锅里染布。

违法行为得到确认，当没收赃物上缴国王。下列规定常年有效：任何人都不得免除关税，除非他证明自己是行会中人或者拥有特权。""若非公会中人，任何人都不得购买蜂蜜、油脂、腌鱼或者任何种类的油、磨石、生皮或任何新毛皮；任何人若非身处市场或恰逢市集，不得开店出售酒类，或零售衣料；也不得在他的谷仓内储存粮食超过五季以零售。倘有人违反并且这种行为得到确认，没收所有赃物上缴国王。""在本城商人公会内的人之前，任何私人或外来人员都不得进城讲价或购买运进城的商品；而且当本城商人行会之人在场议价购买该商品时候，任何私人或外来人员也不能参与。倘有人违反并被确认，他购买的东西将被没收。"

行会本身就是规范工商业活动的一种规则，而在行会内部，还存在着更为细致严格的规则，以防止会员盲目追逐利润和互相竞争。这并非是对正常商业活动的反对，而是由于当时市场和销路狭小造成的。可以说，是不得已而为之。为了消除内部的竞争，行会章程明确规定每个师傅拥有工具的数量、产品的数量和质量以及帮工、学徒的数目。师傅必须遵守日出而作、日落而息的规定，不准延长劳动时间，不得上晚班、加夜班。违反行会章程者，要受到严厉的处罚，如罚款，甚至剥夺从事本行业的权利等。下面是法国杜埃城 1244 年布匹行会的布匹制造和买卖规则：

1. 奉令宣告，不分男女，凡是从事布匹贸易，或者作为布匹制造者的助手或者合伙人者，都不得以身试法。倘若有人如此（或成一卷或成一块乃至任何形式）

将杜埃的布匹、亚麻毛织品携带出城加以出售（当然也包括曾经如此），将会受到惩罚。

2. 不管男女，只要是这样犯错的商人，都将被处以50磅的罚款，并且被驱逐出城，在一年之内失去从事贸易的权利。

3. 不管男女，只要是作为布匹制造者的助手，也将同样被处以50磅的罚款，并且被驱逐出城，一年之内不允许制造布匹。

4. 不管男女，只要是从事或者导致布匹或亚麻毛织品在城外进行贸易的商人，若知他们已经不只是从事一种买卖，那么他们将被处以50磅的罚款，并且被驱逐出城，在一年之内不得继续贸易，也不能从事间接的贸易活动。

5. 如果他努力以任何一种手段来这样做，并且被证实，那么他将被处以50磅的罚款，而且遭到流放，一年之内失去经商的权利。

6. 城市的任何议员，不论男女，一次交易中如果有不止一个的合伙人，他（她）必须在施洗者圣约翰诞生日之前放弃（多余的）合伙人，并且受到相同的处罚。

7. 任何的布匹制造商，不分男女，都不得在未经许可的情况下，从事或者导致布匹或者亚麻织品的出售。

8. 如果他们获准可以远行（贸易），他们将可以在一年之内出口布匹。

9. 布匹制造者，不管男女，如果从事其他行业，将被处以50磅的罚款，并且被驱逐出城市，并且在一年之内失去工匠资格。

维斯比港

商业行会的商人们利用小船组成船队护航，在已知世界从事有利可图的货物贸易。维斯比港坐落在波罗的海哥得兰岛上，是一个重要的贸易中心。

行会的出现和维持，在混乱的社会环境中为工商业的发展提供了一种稳定的"游戏规则"，从而保证了尚未强大的工商业的发展。但是，随着社会经济的发展，这一规则受到了越来越大的冲击。

商业的竞争和市场的繁荣要求手工业能较稳定提供高质量、多样化的产品，而行会组织下的手工业生产，生产规模小，基本上是简单再生产，只能满足地方小市场的需要。随着市场的扩大和商业生产的发展，行会间原来的生产秩序和规则遭到了破坏，行会之间不断发生冲突，行会成员也不断地违犯行规，旧的规则已经不适应新形势的需要了。比如，原来行会中，对劳动的分工作了非常细致的规定，但是在实际生产中，劳动绝对而完全的分工是不可能的。在类似的行业之间，难免发生互相染指而引发的侵犯行为。这种情况随着生产规模的扩大不断加剧。1323 年，什鲁斯伯里的制革匠和科尔多瓦制革匠发生矛盾和争执，其原因就在于后者除了从事自己分内的制靴和制鞋业外，还兼营制革。1363 年，伦敦的鱼商、呢绒商和酒商向市长重新申请特许状，缘起于别人从事原属于他们专营的买卖而获利，侵犯了他们的利益，因而他们认为有必要强调和重申自己的垄断权。不仅不同行业之间发生了争执，不同地区的同一类型的行会之间也发生纠葛。一些行会成员去行会规章指定的经营地点之外经营。1341 年，伦敦的绸布商就没收了诺福克商人带来出售的丝围巾、线和亚麻布。此外，在行会的会员的继承制度、学徒制度等各个方面，违规行为纷纷出现。新规则的出台成为大势所趋。

新规则的出现，首先表现在行会内部章程的修改。行会之间出现了一些彼此让步的举措，并在章程上作了调整。比如 16 世纪曼彻斯特的零售商从商人冒险家公司夺得一些权利后，也给后者一些诸如买卖绸缎、酒类、布匹、铁器等等的权利。此外，外人入行会等方面的限制也减少了。但是，最重要的规则调整还是行会的合并。为了消弭各行会间的冲突和对抗，使各行业间和平相处，从而促进经济的发展。行会纷纷开始合并联合，行会逐渐演变为公会。比如，1345 年，伦敦的胡椒商行会、帆布商行会、香料商行会，以胡椒商行会牵头，合并成为杂货商公会。1370 年，布里斯托尔的零售商、绸布商、呢绒商和其他商人联合建立了公会。1424 年，什鲁斯伯里的绸布商、金匠和小五金商联合成了公会。1436 年考文垂的铁匠行会、制动器匠行会、腰带匠行会和金属拉丝匠会合并成一个公会。正如赵文洪先生所说，"行会的合并，是对传统行会制度下行业壁垒的一个重大突破。它既可看作是一种自发的过程，又可看作行会、城市、中央政府在经济发展、违规现象严重的强大压力下共同做出的对行会的一项重大改革。从经济效益看，过细的行业分割，最大的弊病是造成资源的浪费。合并就如同现代的企业联合一样，体现了经济规模化的不可阻挡的必然趋势。"不仅如此，在公会内部，生产活动还完全被置于公会商人的直接支配之下，这样，公会的经济活动便具有了资本主义的性质。这就推动了萌芽状态的资本主义生产关系的进一步发展和巩固。

我们前面已经说过，行会的产生和存在，本身就是在当时的社会条件下规范工商业活动的一种规则。从行会合并而来的公会，其运作机制其实仍然是行会性的。仍然是以划定经营范围，限制过分竞争为特点。随着商品经济的进一步发展，工商业发展的规模进一步扩大，不管是在行业上，还是在地域上，都越来越剧烈地冲击着公会规定的限制。特别是乡村工商业中的家内制、城市小商品生产和手工工场在行会之外蓬勃发展，使其在经济中取代了行会的地位。行会作为一种中世纪工商业发展的博弈规则，被新的规则代替了。

无规矩不成方圆

——中国谚语

第五章 羊皮还是很有用的

　　1950年6月25日朝鲜内战爆发，威胁到了美国在亚洲的霸主地位。因此，在朝鲜战争爆发的同一天，美国就指使联合国安全理事会举行非法的紧急会议，在苏联代表缺席和中华人民共和国合法权利被剥夺的情况下，通过了一个决议，控告所谓朝鲜民主主义人民共和国军队进攻韩国。7月1日，美国陆军开抵韩国，至9月间，美国已有10多万军队参加了侵朝战争。美国的干涉严重侵犯了朝鲜人民的内政，并把战火烧向了中国边界。为了保家卫国，支援朝鲜人民的正义斗争，10月8日，中央军委主席毛泽东发布命令，组成中国人民志愿军赴朝参战。为了使出兵合理，毛泽东与周恩来多次研究，将最初的"支援军"改为"志愿军"，这就将以国家名义出战变为民间行为，是人民群众自愿组织的。在人类历史的博弈生存中，对利益的追逐往往受到法律、道德等因素的制约。如果冒天下之大不韪而行之，很可能就会引发众怒，"失道而寡助"。因此，在历史的利益之争中，双方通常都会有一个"合适的"理由。不管对正义一方还是非正义一方，都是如此。

1. 天皇是我老子——古代帝王的宣告

　　君主制是古代和中世纪世界各国普遍采用的统治形式，为了满足实际的政治需要，他们惯用君权神授论或天授论的权力起源的理论。不仅古代中国的君主自称受命于天，代行天的旨意，是"天子"、欧洲国家的统治者也宣称是上帝直接或者通过教皇教会把权力授予君主。这种理论特别的地方在于，它认为只有君主的权力才是权力系统以外的上帝或者"天"授予的，此外的其他一切权力都不是上帝或者"天"授予的，而是君主授予的。这样，它就论证了君主权力的性质，从而为君主制奠定了坚实的理论基础。君权至尊来自于神权的无上，那么由谁来保障神权的可靠，也就是说权力的终极来源是什么？解决这个问题需从权力的实质说起。

　　权力是一种人对人的支配性作用力。因为人对人的支配是通过精神渠道发生的，所以权力具有精神性质，是一种精神力量。权力所具有的支配力量是强制性的。要想实现这种强制，必须凭借暴力或财富等物质力量。权力作为人对人的支配力，具有方向性。这种有方向的作用力连接在一起，构成一种有方向且有序的社会结构。权力只能在这种有序结构中运行。当有序结构瓦解，如军队溃散时，谁也不服从谁，权力便不存在。当人们从有序结构中游离出来，如人们离开自己所从属的社会组织到田野上散步，或脱掉衣服在海边、河中游泳，并且互不相识时，人对人的支配力便也不存在。由此可知，权力是凭借物质力量在社会有序结构中运行的人对人的精神性强制支配力。

　　埃及的尼罗河谷和尼罗河三角洲地区是人类最早的定居地和有数的几个古代文明起源地之一。走进古埃及，我们仿佛进入了神的世界：国王齐夫林的巨大雕像的头部后面，蹲坐着鹰神霍鲁斯；二十王朝的拉美西斯三世石棺上的浮雕（现存剑桥）刻有埃及三位大神奥西里斯、伊西斯和霍鲁斯的象征性徽志。他手执奥西里斯的双笏，头上佩有母牛女神哈梭的角和阿蒙－拉神的日轮和羽毛。棺盖上的铭文字写道："奥里西斯，上下埃及的王，这两个国家的主……太阳的儿子，诸神所喜爱的、王冕的主……你是在神位上。"公元前1300年阿比多斯的法老赛提一世的庙宇浮雕上，刻着赛提一世向奥西里斯、伊西斯和霍鲁斯三位大神奉献麦神（太阳神的女儿）的塑像。

埃及三大神

　　太阳神伊西斯（右）；丰饶神奥西里斯（中），是伊西斯的弟弟及丈夫；霍鲁斯（左）是他们的儿子，他是法老的守护神，并与太阳神霍鲁斯合二为一。

困惑的解决要从古埃及社会的发展和政治的需要中寻求。古王国时期，埃及由分散的各州自治走向了统一，以国王为核心的中央集权制初步形成。国王端坐在金字塔顶，权力笼罩着整个埃及，从政治的管理到经济的运转，从军事的控制到宗教的垄断，一切均由国王的意志所操纵。不仅农耕者、手工艺人、渔夫等劳动者受控于国王，各级官吏和神职人员也唯国王马首是瞻。国王为何具有如此绝对的权力，又如何将这种权力永久地独享下去？刚才的疑问帮助我们解决这个问题，那就是王权与神权结合，借助于神的力量宣扬王权的无限权威。国王下令修建的神庙四处林立，神庙里专门设有敬拜法老的圣所，向人们宣讲国王（或法老）是神的化身，是世间秩序的维护者。

　　但是仅仅依靠国王和祭司一厢情愿地把王权和神权结合起来是远远不够的，王权之所以能够实现对被统治者的统治，归根结底要来自民众的对其统治权力的认可。而在当时民众中盛行的宗教观念恰恰迎合了这种意愿。时人相信或者说愿意相信：神赏恩赐福，保佑远灾避难、生活快乐、延年益寿。而且他们还认为神会衰老，可能因此而辞职让位，将神权传给他的儿子。宗教中的神的神性和神灵世界的秩序与社会的情况惊人地吻合几乎是不可能的，然而不可能的意愿却在历史上发生了。

西亚两河流域与埃及尼罗河流域一样是世界古代文明的摇篮。两河流域的政治史是一连串稳定居民为周围游牧民所征服，而征服者在变为稳定居民之后，又被另一个游牧民所征服的故事。一连串征服与被征服，使两河文明的创造者一个又一个沉积在历史的底层，他们的语言因种族的混合趋于消失。但苏美尔－阿卡德－巴比伦的文化和宗教并未灭绝，其重要因素是在不断变化的历史中适应新的形势而得到新的发展。作为新的征服者，苏美尔宗教祭司看到了传统宗教维护国家统治权的好处，更喜爱祭司贵族高踞众民之上的特权和得到众民精神拥戴的地位，因此他们只会强化传统的宗教，培植为自己服务的祭司阶级，或者把宗教祭祀大权直接控制在自己手中。同时，国家的体制、统治阶级内部关系和社会秩序的变化也会反映到国家宗教幻想的神灵世界中来，引起宗教观念和天国秩序的变化。

国家统治者常常直接把他们的意志和需要假托为神的命令和安排，巴比伦王汉穆拉比在一个记载他在苏美尔和阿卡德兴修水利的碑文中一开始就写道："当安努和贝尔授予我治理苏美尔和阿卡德之权时……"它所制定的世界历史上最早的成文法典被说成是法典之神沙马什亲自制定并颁布的。现在尚存于世的汉穆拉比法典石碑的碑头部分刻着汉穆拉比从沙马什神那里接过这部法典的浮雕像。亚述国王总

统治者

苏美尔人把君主视为联系人和神的纽带。他最重要的职责之一是修建和养护神庙。图为统治者正在从事象征性的建筑工作的雕像。

是说他们的一切行动都是亚述最高神亚述定，国王只不过是神意的最高执行长官。亚述国王森纳切里布说他采取的军事行动并不是其自作主张，而是执行亚述尔神的命令："我的第二次战役是亚述尔命令我进行的。"赫梯人的国王甚至就是神，哈图西利斯三世提到他父亲的死时，说："当我的父亲缪尔西利斯成为神的时候……"赫梯人的主神为手持双面斧的暴风雨之神。在波伽兹科易附近的一幅浮雕中，暴风雨神拥抱着国王。这就是神权与王权结合的象征。可以说，在巴比伦和亚述帝国的历史上，几乎每一个国王都要和主神"贝尔"握手，被"贝尔"的祭司收养为神的儿子和代表，否则他的地位就不可靠。当然随着神庙的扩大和寺庙经济的发达，祭司贵族的势力也随之增强，国王和祭司贵族的冲突也时有发生。巴比伦和亚述历史上阴谋篡位、朝代更替等许多重大政治事件多半是祭司集团与君主政权钩心斗角的结果。双方互为消长，但终究归于修好。

中国人虽不像雅利安人和闪米特人那样是世界宗教史舞台上的主要角色，但神权与政权的结合依然贯穿于历史的始终。并且除儒、释、道三家之外，还存在一个有中国特色的宗法性传统宗教。它以天神崇拜、祖先崇拜和社稷崇拜为主体，以日、月、山川等百神崇拜为翼羽，以其他多种鬼神崇拜为补充，形成相对稳固的郊社制度、宗庙制度以及其他祭祀制度。这种宗教式祭祀起源于原始社会，形成于夏商周三代，完善于汉至隋唐，一直延续到清朝末年帝制的垮台为止，其间从未中断。这种宗教宣传王是天的儿子，故称"天子"。并进一步使上天与人王发生宗法血缘关系，祖先崇拜与天帝崇拜合二为一。既然天和上帝是国家的最高神，通过对天帝祭祀的垄断，王权的神圣性无限制地加强了。天子依靠自己的德行从天帝那里取得王权以后，必须承担社会责任，实践伦理规范，从而得到天的持久信任。

宗庙制度、郊社制度和丧葬制度的根本性作用就是强化以至神话宗法等级秩序的皇权、族权和父权。尤其是王朝君主，更被称之为"奉天承运"的"天子"，他通过祭天、祭社稷、祭宗庙等宗教性活动，取得天命及奉天承运的合法性和神圣性。皇帝本人被认为是具有神性的与凡人不同的"真命天子"。尽管这种说教有欺骗麻痹的成分，但的确符合社会控制原理。中国君主专制制度之所以历数千年而不变，中国封建社会之所以能够长期稳定和延续就是最好的证明。

创造古代印度文明和宗教的民族是征服了土著人达罗毗荼族的雅利安人。原居住在中亚细亚一带的尚处于游牧时代的雅利安人，在征服战争胜利后，社会也随之阶级化。自然征服者雅利安人就成了社会的统治者，被征服者降为奴隶（达萨）。在此基础上，社会中分化出四个等级：由祭司贵族为主体的第一等级婆罗门；由军事贵族和世俗统治阶级组成的第二等级刹帝利；村社成员、自由民、劳动者构成的第三等级吠舍；战争中的被征服者自然是地位最为低下的首陀罗。为了巩固这种瓦尔那制度（社会等级），上层贵族阶级制定出了许多"达磨法"，对各瓦尔那的社会地位、权利、义务和生活方式、宗教地位做出了严格规定；但是更主要的还是诉诸神灵，用信仰征服被统治者的心灵。他们通过宗教神话和宗教生活体制把这些"达磨"所固定的瓦尔那制度神圣化。其中最有力的工具就是古典时代的婆罗门教及其近代的变态印度教。

婆罗门教一方面把它们代表的婆罗门祭司贵族和刹帝利的特权神圣化，另一方面又规定了极其烦琐的祭祀仪式，把各阶级的精神生活和生活行为置于宗教规范的严格控制之下。婆罗门教在各种祭祀中特别重视以马为牺牲的马祭，认为国王行马祭可使国王成为王中之王。一个国王如行一百次马祭，可以推翻因陀罗的王座，成为宇宙的主宰和众神之主。为了适应社会形势的发展，作为婆罗门教变种的印度教，尽管在教义信仰和宗教仪礼上有了新的变化，但基本精神仍是婆罗门教传统的延续。

在波斯，公元前 6 世纪，居鲁士结束了伊朗高原分散割据的政局，统一伊朗，建立了雄踞中西亚而强盛一时的波斯帝国，随之确立了君主专制制度。同其他文明一样，波斯皇帝也选择了统治权的神化。他们尊奉"阿胡拉"（意为"主神"）为善神之主，其尊称为"阿胡拉·马兹达"（马兹达意为"贤明"、"智慧"），而把与印度天神"daiva"（提婆）相当的"daeva"（台瓦）降为恶魔一类。被贬为恶魔的"台瓦"或许是被征服者原来信奉的神，而"阿胡拉"原来可能是波斯人的一位强大氏族的祖先神或部落的保护神，他被奉为最高的主神就是帝国和君主

至高无上之神梵天

集权的反映，是波斯皇帝用来统一帝国各民族的信仰和思想，以加强自己统治的表现。大流士把自己的一切行为和政治决策都说成是秉承阿胡拉的意旨。他在自己的铭文中列举了他所统治的各省名称之后，宣称："这些省归属于我，按阿胡拉·马兹达的意旨，在我的统治之下，向我交纳贡税。"大流士的后继人塞尔西斯一世在波里的铭文中写道："朕遵阿胡拉·马兹达的意旨，战胜此族……在上述国家中原先有信奉台瓦者，朕遵照阿胡拉·马兹达的意旨，拆毁台瓦庙，下令今后不得祭祀台瓦。"

尽管琐罗亚斯德教承认个人意志对于善恶的选择决定自己的命运，但仍认为人类要想摆脱邪恶势力的侵袭，还必须依靠阿胡拉·马兹达的力量。阿胡拉·马兹达为拯救受迫害的义人，将要从天上派遣救世主到世界上来消灭邪恶势力。阿黑门尼德王朝历代帝王都自称是阿胡拉·马兹达的使者，是正义的化身。从这种善神的崇拜中，帝王获得强大而又稳定的统治力量。

最后看看古代罗马。罗马海外扩张的直接后果之一是终结了近五百年的共和传统，建立了君主制，但是吮吸共和的乳汁长大的贵族和平民，对共和的优越性已深信不疑，对陌生的君主政体有着本能的畏惧和反感。恺撒因不能掩饰其专制意向而最终利刃加身，正如莎士比亚借布鲁图之口说："我们爱恺撒，但我们更爱共和。"当人们推举屋大维为独裁者时，"他跪下，撕开长袍，裸露胸膛，请求人们别再坚持"。他建立的君主制也披上共和的外衣，称为元首制；他不以帝王，而以元首及"第一公民"的身份出现。因此罗马帝王们必须"在单纯的法律基础外替他们的权力寻找更多的基础"，于是"一再努力倡导对帝王的宗教崇拜，并努力使之成为一种国家制度"。但是帝制的缔造者们绝不可能超越当时客观的社会存在，彻底抛弃传统，这就使得君主政体和帝王崇拜具有很大的隐蔽性。据苏埃托尼乌斯记载，卡图鲁斯在奉献卡彼托神殿后，连续两晚梦见一个男孩，第一晚梦见朱庇特神将罗马女神放在这孩子的膝盖上，第二晚梦见这男孩坐在朱庇特的膝盖上，卡图鲁斯命令他离开，但神不同意，"因为男孩长大是为了保护共和国的"。第二天，他发现这孩子就是屋大维。其实，卡彼托神殿奉献于公元前 69 年，而屋大维生于公元前 63 年。帝王既然是作为共和国的保护者，因而不能像东方帝王那样被呼为神，而是作为一个界乎神与人之间的形象受到崇拜。他们可以具有神性，但不是神。罗马帝王声称与神有血缘关系，比如恺撒奉维纳斯为女祖先，声称与亚历山大同属朱庇特的后裔。屋大维声称是其母在阿波罗神殿中受孕而生，他出生前夕，其父梦见一颗太阳自其母子宫中冉冉升起；或是将自己与神同列，比如恺撒的像与仁慈女神罗慕洛（按：在此之前唯一被奉为神的人）同列、奥古斯都被写入对诸神的赞美诗中，他恢复了古老的拉尔神崇拜，与拉尔神同列，于众多的帝国神庙；或者将自己的生日、凯旋日等作为节日来庆贺，以帝王的名义举行赛会；或者在死后干脆被奉为神，卡里古拉神化其妹德鲁苏拉，尼禄奉其夭折的女儿为神，对王族成员的神化到安敦尼王朝时达到顶峰，哈德良甚至奉其岳母为神。在东方行省更是如此。

罗马传统宗教的世俗化使之成为政治驯服的工具，但教权与政权分离，又常常引发两者间的分庭抗礼。但

牧牛神黑天及伴侣拉达

是帝王为了给自己的统治寻找神圣的理论根据，仍旧选择与祭司阶层的
"联姻"，任命世俗官吏担任高级祭司职务，以政府部门的分工原则为准
划分祭司团，通过控制宗教事务取得世俗行政管理上的权威，从而集宗
教的最高权威和世俗的最高权力于一身。

"在上有权柄的，人人都当服从，因为权柄是从神来的，凡掌权的
都是神所设立的。所以抗拒掌权的，就是抗拒神的设立；抗拒的必自招
处罚。做官的原不是叫行善的惧怕，乃是叫作恶的惧怕。你愿意不惧怕
掌权的么？你只要行善，就可得他的称赞，因为他是神的仆人，是与你
有益的。但你若作恶，就当惧怕，因他不是徒然佩剑，他是神的仆人，
是申冤的……你们上税也为这缘故，因他们是神的仆役，为这差事专责
服役。凡人所当的，就给他们：当得税的，就给他上税；当得捐的，就
给他纳捐；当惧怕的，就惧怕他；当尊敬的，就尊敬他。"这就是神的
旨意，这就是帝王想从神那里得到的旨意。

2. 我忏悔了——阿育王的皈依

中国有句谚语，叫作"打江山易，坐江山难"。在古代世界，对于
统治者来说，他最大的利益追求，无非夺取江山，守住江山，维持自己
统治地位。江山不是静止不动的几山几水，而是各种力量利益的结合
体，其中民众的力量是一切力量之源泉，而在民众和统治者之间的权力
集团——表现为割据势力或者地方大员，则是时局运动的主要力量。正
如唐太宗所云，"水可载舟，亦可覆舟"，如何在打下江山后处理上下关
系，如何统治，是所有统治者都不得不面对的问题。对民众和权力集团
进行安抚和威慑，都是必要的，而安抚对民众来说尤其重要，在这一点
上，一张羊皮就很重要了。不过，羊皮毕竟是羊皮，如果因为过于重视
羊皮而使羊皮变成了一只羊，江山同样会坐不稳或者存在隐患。在这一
点上，阿育王是一个很好的例子。

阿育王（约公元前 300 年~前 236 年），也翻译为无忧王，是古代

印度孔雀王朝的第三任君王。他在位于约公元前 273 年～前 236 年。阿育王出身显赫，祖父是孔雀王朝的开国君主，名叫旃陀罗笈多·毛里亚。公元前 4 世纪，北印度的政局十分动荡，人民起义到处发生。旃陀罗笈多乘机聚众而起，大约在公元前 324 年于西北印度自立为王，而后东下很快攻占摩揭陀的首都华氏城，推翻了难陀王朝的统治。公元前 317 年，马其顿希腊的驻军全部撤离印度。从此，整个北印度在旃陀罗笈多的统治下统一起来。因其出身于孔雀宗族，故称此王朝为孔雀王朝（公元前 324 年至前 187 年）。旃陀罗笈多开创了古代印度历史上的帝国时代，完成了从分散的城邦到统一帝国的转变。其子频头沙罗，也就是阿育王的父亲则是孔雀王朝的开拓者，他在位时大肆推行对外扩张政策，被古希腊人称为"阿米特拉力塔"，意思是"杀人者"。而完成这一开拓事业的，则是阿育王。

阿育王受其父亲的影响，自小便倔强凶残，个性突出，18 岁出任阿般提省总督。据说他为争夺王位，残忍地杀害了 99 个同父异母的手足同胞。阿育王当政之初奉行恐怖统治，经常使用暴力手段压制国民。对于异己分子，他从不手软，能杀则杀。他听说阴曹有地狱，专惩恶人，便在阳间也建造地狱，处罚犯人，告示人民俯首听令，唯命是从。为实现统一帝国的意愿。他把侵略的矛头指向了南方的羯陵伽国。

羯陵伽是哥达瓦里河与马哈纳底河之间的孟加拉湾沿岸的一个强国，是由摩揭陀国独立出来的一个实力雄厚的强邦，经济发达，海外贸易繁荣，地理位置非常优越，这就引起了阿育王的注目。在他举行登极灌顶礼后的第 8 年（约公元前 261 年），开始向羯陵伽大举进攻。这次战争使羯陵伽遭受了空前的浩劫，经过数次鏖战，阿育王的部队攻入羯陵伽的首都，制造了一场惨绝人寰的流血事件，刹那间，整个首府陷入一片混战之中，杀声震天，哭嚎动地，火光四起，浓烟弥漫。据阿育王的第 13 号铭文诏谕记载："在羯陵伽战争中，有 15 万人和牲畜被俘并从这个国家带走，有 10 万人死于疆场，还有数倍于此数者亡于战祸。"经过一系列征战，阿育王进一步扩大了帝国的领土，使帝国版图达到了最大规模，北起喜马拉雅山南麓，南至迈索尔，东抵阿萨姆西界，西至兴都库什山。这样，除了半岛极南端一部分地区，整个南亚次大陆基本统一于孔雀帝国。

诸方来朝，臣民归顺，江山已经打下。但是，如何坐江山呢？是继续穷兵黩武、炫耀武力，还是采取其他的方式。阿育王选择了一条让所有人都感到吃惊的道路，那就是"以正法"治国。

后人是这样说明阿育王的转变的。羯陵伽之战的第二天拂晓，当阿育王面带胜利者的微笑进城巡视的时候，他的整个心灵为之震颤！一夜之间，一座美丽的城市变成了废墟，大街小巷，横尸相枕，血流成河，婴儿啼哭，寡妇哀叫。阿育王默默地返回了首都华氏城。没有举行庆功宴会，更加没有陶醉于胜利的欢乐之中，而是陷入了深深的苦恼。他的良心受到了莫大的谴责，困惑不已，无地自容。正像他后来在一个碑文中所说的那样："在羯陵伽战争时期被杀、死亡和放逐他乡的人中，即使只有百分之一乃至千分之一遭受杀戮、死亡和俘囚流浪之苦，天爱王（指阿育王本人）也会感到悲伤。"为了寻求解脱罪恶之途，阿育王决意改变祖辈军事征服的残酷手段，放下屠刀，和善待民，经过二年半的苦心求索，他终于在高僧优波及多的感召下，从佛教那里找到了脱离苦海的最佳途径，认为"只有通过正法而赢得的胜利，才是最高的胜利"。

阿育王柱的四狮柱头

所谓"正法"，即以"虔诚感化"

阿育王柱

柱头上端坐着一头雄狮，柱子上刻有阿育王的教令和法规。

的方法来教诲人民，治理国家。阿育王潜心钻研佛经，反复领会佛教所宣扬的生死轮回、因果报应、众生平等的思想，成为佛门的俗家弟子，他本人也由昔日的冷面暴君变成了一位温和慈善的圣主。他把他的人民称作自己的孩子，处处以仁慈为怀。他日后所做的一切，都围绕着以提高国民福利、避免精神痛苦为宗旨。他十分坦诚而热忱地向百姓讲授佛法，明示佛祖所言都是尽善尽美的真理。他教诲臣民要多行善事方可升入天堂。即使是出身卑微、地位低下的人也不例外，完全可以通过修行达到摆脱痛苦的涅槃境界。他亲自参加僧侣教团的组织活动，维护其内部的团结。并召集教徒，编撰佛教经典，以求佛法永留。

为了把佛教尽快传遍国家的每一个角落，让更多的人笃信佛法，心悦诚服，阿育王启用一批官吏外出传教，诸如普拉代西卡、拉朱卡和尤克塔等，通常每年巡回一次，宣讲介绍佛法，兼理政务，传达阿育王的旨令，并把有关诏敕刻在所到之处的西亚、埃及、马其顿、伊庇鲁及北非古国斯勒尼，宣示佛的使命，又把儿子摩揭陀和女儿僧伽密多罗送到南方的锡兰，诉诸理智，推广仁爱，以佛祖之慈善换取人间之和平。

更可贵的是，他在宗教方面并没有"唯佛独尊"，而是允许臣民百姓有宗教信仰自由。他在一道诰文中称："各教派都有一种或别种理由应受尊敬。照这样做，一个人把自己的教派提高，同时对于别人的宗教也有贡献。"为了坚定人民的信念，他慷慨地向各教派赠送财物，施舍物品，鼓励他的王后和王子们参加这些慈善活动。

对于民众而言，"正法"的施行是很得人心的，因为连年征战，人民已经不堪重负；对于被征服地区的民众而言，还有很强的敌对心理。这个时候如果变本加厉，很可能刺激他们，反戈一击。而"正法"的施行，不仅给予民众一个宽松的环境，而且让他们暂时摆脱了战争之灾。而这恰恰就给阿育王的统治披上了一张柔和的羊皮。况且他又勤于政事，在一定程度上还保证了下层民众的福利，使得他们不仅在精神上得到满足，而且在物质上也受惠。这就使得帝国在其统治期间达到了登峰造极的程度。

但是，阿育王似乎太满足于这种"正法"带来的成就了，民众得到了安抚，但是对于地方势力的威慑却在日益减少。阿育王在到处推行佛法的同时，忽视了对战备的重视，这自然就严重地削弱了帝国的军事实力。孔雀帝国本来就是一个松散的联合体，一旦中央权力削弱，地方的离心力必然增强。果不其然，阿育王死后不久，帝国即告分裂。约公元前187年，孔雀帝国的末代皇帝为其将军所杀，孔雀帝国告终。著名历史学家班纳吉说，"羯陵伽的征服标志着孔雀王朝政治势力衰落的开始。由于羯陵伽战争的杀戮而在阿育王心灵上所产生的变化，引起了孔雀帝国政策上的革命，正如所有热衷于宗教而放弃攻略的国王一样，阿育王为外族征服印度铺平了道路"。这种说法虽然有些片面，却说明了一个道理，重视文治是必要的，但是忽视武功就得不偿失了。羊皮只是让狼更隐蔽一些而已，如果狼有了羊性甚至变成了羊，便会成为其他狼注视的对象。

3. 要不要圣像 ——拜占庭帝国的政教之争

公元736年夏的一天，君士坦丁堡空气闷热，似乎孕育着一场风暴的到来。富丽堂皇的皇宫前，矗立着威严的基督雕像，但是他的脚下却聚集着一群义愤填膺的妇女，她们有的泪流满面，有的口中念念有词，祈求主的庇护，有的则紧握拳头，警惕地四处打量。突然，一队士兵出现了，他们不仅手持武器，而且还拿着长绳、斧头。他们直奔圣像而来，妇女们则咆哮着向他们冲去，士兵挥动武器，几个女人被打翻在地，但是更多的女人蜂拥而上，把士兵围在中间，愤怒的拳头朝他们身上打去，竟然把士兵们活活打死了！但是，又一支更大规模的士兵赶来，他们一部分人对付女人们，一部分则挥动斧头，把圣像捣了个稀巴烂。

到底发生了什么，竟然使得这些本该在家操持家务的女人们走上街头，甚至在基督圣像下行凶？！而士兵又有什么熊心豹子胆，竟然对他们伟大的主不敬？！这要从不久前皇帝发布的一条法令说起。利奥三世发布的这条法令叫作《禁止崇拜圣像法令》，规定任何人都不得对任何

形式的圣像顶礼膜拜，现有的圣像全部捣毁！而首当其冲的，就是拆毁
皇宫入口的基督雕像。这一下可引起了众怒。圣像崇拜由来已久。早在
基督教还处于"非法"地位的日子里，在墓窟隧道中进行宗教生活的信
众，已在墓道的壁上留下了他们崇拜对象的艺术形象。公元 392 年，当
皇帝狄奥多西一世用法律形式确定基督教为罗马帝国国教以后，大量的
异教徒改信了基督教，他们原有的有形神像崇拜的信仰形式，此时也逐
渐地渗入到基督教中。这样，圣像崇拜日益盛行起来。教会中大量悬挂
的圣像是耶稣基督、圣母马利亚、十二使徒和旧约、新约书的画像。许

圣像变迁过程

　　公元 7 世纪，欧洲的权力中心不可抗拒地转移了。以君士坦丁堡为首都的拜占庭在它所有的
边境线上都准备与敌人作战。

多教会中放置的圣像，或者是镶嵌工艺、壁画，或者是象牙、木头、青
铜上的雕像，及许多小的画像被复制成了彩色的成品。圣像崇拜甚至进
入了家庭生活，因为圣像有时被选出给孩子们命名。但是现在，皇帝突
然下令毁掉圣像，人们怎么能接受呢？但问题是，皇帝为什么逆天下而
行，发布这么一个引起众怒的法令呢？

　　说皇帝逆天下而行也不准确，因为基督教内部关于如何对待圣像的
争论其实一直未断，早在公元 4 世纪初，反对者就认为对圣像的崇拜有
违上帝的旨意，而支持者则认为唯有通过圣像，目不识丁的普通信徒才

能了解基督教的信仰和基督的圣绩。当然，这个时期的争论还仅限于个别教士。但是到了公元 7 世纪后半期，对圣像的崇拜愈演愈烈，作为对这种倾向的对抗，拜占庭的亚洲地区出现了更广泛的毁坏圣像的风潮，许多教堂有组织地清除圣像，并组织学者著书立说批判对圣像的崇拜。但是，这些斗争仅仅限于宗教内部，它实际上是将晦涩难懂的教义和普通信徒的日常宗教生活密切联系起来的教规之争，也是基督教神学和哲学力图摆脱犹太教和古典希腊罗马哲学、并最终形成独立的神学体系的结果。而皇帝在以前也仅仅严守中立，仅仅是充当仲裁人的角色。比如君士坦丁一世和查士丁尼一世，在惩罚了非正统教派教士后又对被迫害者实行宽容，甚至优待，而伊拉克略一世则直接提出折中理论以调解各对立派别的无休止的争论。但是这一次，利奥三世却积极地参与大规模的迫害行动。并且把教会内部的对立扩展到全社会，将教士之间的斗争演变为教士、世俗贵族和普通信徒之间的混战。其实，宗教争端只是给了皇帝一个介入此事的幌子而已，"醉翁之意不在酒"，毁坏圣像运动实质上是皇帝努力恢复皇权对教权的控制、重新确立皇帝崇拜的措施。

原来，在公元 4 世纪基督教成为国教之初，拜占庭皇帝

圣卢卡斯教堂的镶嵌画

圣母和圣婴的画联结着沉重的屋顶和它下面的神龛处的基墙，圣处前面的入口处两侧是马利亚和成年基督的画像。

就享有控制教会的"至尊权",这一权力是早期拜占庭皇帝作为羽翼未丰的教会的保护人而自然形成的。从理论上讲,皇权和教权的结合是拜占庭君主权力的基础,两者相互支持,相互配合,皇帝需要教会从精神统治方面给以帮助,而教会则是在皇帝的直接庇护下发展起来。最初,皇帝对教会的权力是无限的,他掌握着控制召开基督教大会的权力,以及高级教职人员的任免权,并且在发生教会争端时给予调解和仲裁。但是,随着教会实力的增加,这种权力受到了挑战,教会逐步获得了合法地位,实际上已经获得国教的地位。提奥多西一世时,教会获得了税收和司法等方面的特权。此后,教会势力大发展,不仅要求教、俗权力平等,甚至提出教权高于皇权的理论。这样,君权和教权之间的斗争自公元 5 世纪便愈演愈烈。当时尚由拜占庭皇帝控制的罗马主教格利高里一世(590~604 年)公开与皇帝分庭抗礼,反对禁止官员和士兵在未完成职责以前进入修道院的皇帝敕令,并利用拜占庭世俗大贵族进行争夺皇权的斗争,迫使皇帝承认其"基督教教规最高捍卫者"的地位。至公元 7 世纪末,教皇塞尔基奥(687~701 年)在与皇帝的斗争中煽动军队反叛朝廷。这样,教会的势力已经发展到足以与皇权抗衡的地步,并在帝国政治生活中对皇权构成威胁,这就不能不引起皇帝的极大恐惧。

不仅在政治上受到威胁,经济利益同样是皇帝考虑的一个重要因素。公元 4 世纪以后,基督教作为拜占庭的国教,受到特殊保护,教会不仅得到了大量地产、金钱和粮食,而且在皇帝的直接支持下,兴建了大批教堂和修道院。此后,教会逐步获得许多经济上的特权,其中最主要的权利包括免税权、征收教产税权和接受遗产权。这些特权使得教会产业急剧增加,教会的经济实力迅速增强。教会以教堂和修道院为核心聚敛大量财富,其富有的程度是世俗封建主难以攀比的。他们掌握着庞大的地产,这种地产大多为庄园,或由教会委派的庄头管理,或由教堂和修道院直接经营。以君士坦丁堡教区为例,它拥有 29 处大小不等的庄园。各庄园内包括农用耕地、房产、橄榄园、葡萄园、山坡牧场、小型手工作坊、农户、畜群等。相比之下,世俗贵族的田产就逊色多了。公元 5 世纪拜占庭最富有的贵族奥林匹亚斯家族在首都和小亚细亚农村仅有不足 10 处庄园。并且，教会通过接受捐赠、遗产和经营庄园等途径，每年都可以得到相当丰厚的收入，远远高出世俗封建主的收入。公元 6 世纪，拉文纳教区的年收入为 1.2 万金币，卡拉布利亚教区的年收入达到 2.52 万金币，公元 7 世纪，西西里教区的年收入高达 4.7 万金币。而公元 535 年，帝国最高级官吏年薪不过数百金币，如非洲和拉文纳两大总督区的总督年薪为 725～800 金币。不仅如此，教会还通过宗教宣传扩大其影响，因而僧侣人数增多，修道院遍布全国各地。早在罗马帝国崩溃期间，各种不同成分的居民都到寺院中寻求安身立命之所，以躲避政治混乱和经济灾难；7 世纪时，大批的僧侣从阿拉伯人占据的省份涌入帝国境内。据 I．D·安德列夫统计，到了圣像破坏运动时期，拜占庭修道士的数目毫不夸张地估计是 10 万。许多在俗界遭受苦难的人也逃到寺里来，有些青壮年为摆脱政府的军役和赋税也逃到这里，这不仅减少了社会劳动力，而且也使军队兵源更加缺乏。

教会占有大量财富，不仅使世俗统治者无地可颁给官兵及农民，以稳定社会，而且也削弱了自身的经济实力。国库日益入不敷出，财政压力与日俱增。但是帝国的国防压力却没有减轻。7 世纪末 8 世纪初，拜占庭帝国在对外战争中常常处于被动局面。7 世纪 60 年代以后，阿拉伯人每年都向小亚细亚进攻，也向西西里岛进攻。698 年，阿拉伯帝国完全统辖了拜占庭在非洲的领土，同时，还对小亚细亚和阿尔明尼亚进行了毁灭性侵袭。保加利亚人在这时也对帝国进行威胁。在这种背景下，皇帝借助宗教问题削弱教会的经济实力就是必然的了。

从利奥三世于公元 726 年夏季颁布《禁止崇拜偶像法令》开始，到公元 843 年幼帝米哈伊尔三世统治时期，摄政皇后提奥多拉颁布反对毁坏圣像的《尼西亚法规》为止，毁坏圣像运动持续了 117 年。在此期间，大量圣像艺术品被焚毁，反对派高级教职人员被处死，他们控制的修道院的财产被没收，大量修士修女被强制还俗。

这场运动有力地打击了教会和修道院的经济、政治实力，加强和巩固了世俗权力，皇帝们大量没收和剥夺教会占有的土地，打击和迫害修道士，使教会在经济上承受了巨大损失。没收的大部分土地落入新兴军事贵族手中，充实了世俗统治集团的力量。通过这样运动，皇帝还从思想上和理论上严重打击了圣像崇拜者的主张，巩固了拜占庭帝国统治。皇权完全控制了教权。与此紧密相关的是，帝国的国防得到了加强，国力稳步前进，迎来了一个发展的鼎盛时期。

4. 异端是邪恶的——宗教裁判的幌子

1215 年，英诺森三世召集了第 4 次拉特兰会议。这是一次永载史册的会议，有 71 名大主教、412 名主教、800 多名神父和修道院院长、许多缺席主教的全权代表以及欧洲各个国王的代表参加了这次会议。然而这次会议引起大家注意的不是其空前的规模和隆重的场面，而是会议通过的一项决议（第三条教规）：根除异端、安慰灵魂。会议责成世俗和教会当局始终不渝地迫害异端者，并具体规定了教会对异端者、异端嫌疑者和支持者的镇压措施以及世俗政权和各级主教在同异端斗争中必须承担的义务。

第四次十字军东征的发动者——教皇英诺森三世

关于异端者，决定说："予等开除反对中天天主教神圣信仰之任何异端之教籍，处以绝罚……予等谴责无论属于何种教派之一切异端者……凡受判处之异端者，应交付世俗政权或其代表，处以应有惩罚，教士将事先撤职。受判处之俗人财产将予没收。"此外条款还规定：把裁定有罪的异端分子交给世俗政权惩罚；封建领主要把他们领地内的异端分子驱逐出境；主教要强迫信徒告发所认识的异端分子，然后传唤异端分子至教会特别法庭受审；最后，对异端分子按教会法规实施制裁。终于在此精神指导下，1252 年，由教皇英诺森四世正式颁布了建立宗教裁判所法庭和允许使用体罚的训谕。至此，欧洲历史便进入了由"神圣"法庭来主宰欧洲人民命运的漫漫长夜。宗教裁判所用"上帝"赋予他们的权力，在天主教势力所及的一切国家里，燃起了烧死异端之火。是什么原因使得宗教审判所与异端有如此深仇大恨，以至于他们咬牙切齿地要根除异端，必欲置之死地而后快？要想认识这个问题，就要回到教会和异端的本质及冲突中来。

天主教会在理论上是解救面对重重困难的被压迫生灵，而实际目的却是与统治当局交互利用以实现社会控制。它向信徒们许下了进"天国"的宏愿，把对人们遭受的现实苦难的补偿搬到天上，就是为了使他们能够逆来顺受承受现世的奴役。当美丽的许诺不能兑现时，自然就引起了形形色色的异端。古代，他们反对天主教会捍卫的古罗马奴隶制度；在中世纪，他们与用宗教范畴思维的封建贵族做斗争。他们反映过市民或农民的利益，也曾为早期资产阶级的反封建而抗争。总之，他们始终是教会统治者的反对派。为了保证自身的权力和地位，天主教会当然要不惜代价根绝异端。当劝说、威胁、咒语无效时，就有了暴力。

看来根除异端的目标是不可动摇的，现在的任务就是用什么来论证他们这一任务的必要性和合法性。"天使博士"托马斯·阿奎那义不容辞地担当起了这一任务。他在《神学大全》中露骨地论证了从肉体上消灭异端者的理论：异端者退出教会以前，强迫他们遵守对教会承担责任是合法的。这是因为，如果说接受信仰是自由意志的行为，那么维持已经接受的信仰则是必要的事业。因为"败坏作为精神生活的宗教信仰，比起伪造维持世俗生活的货币来，问题要严重得多"。既然异端是一种罪行，为别人的安全起见，"用开除教籍的处分使他与教会分离，把他交给世俗的审判机关，由它判处死刑来把他从世界上消灭掉"。阿奎那还从哲学高度的善恶理论来加以论证异端的出现和消灭的必然性、必要性。他认为善恶相伴而生，有恶才能分辨出善，而根除恶则将使善得到巩固。就像狮子吃掉驴子，善把恶当养料。这就说明了上帝为什么不能像画方圆一样创造出没有危险和缺陷的人。结论是，异端是无法根绝的肮脏行为，教会为了自身的存在，为了拯救信徒，永远需要把异端者作为镇压和消灭的对象。宗教裁判所的全部实践，就是阿奎那的这种理论的最充分的体现。

中世纪农村和城市中以异端形式表现出来的下层人民的反抗运动，对教会和世俗封建秩序发出了挑战，成为宗教审判所镇压的首要目标。

13 世纪末到 14 世纪初，农民、平民组成的基本群众在原始基督教理想的外衣下进行着反对封建压迫的运动。为了反对这种反抗封建制度的运动，教会动用了宗教审判所的力量。而首先被定为异端的是法国阿摩利派。因为该派提出了一种泛神论的观点，认为上帝和他的创始物是没有区别，人人都有神性，不需要教皇和教会的拯救，进而否定教会仪式，谴责圣礼，反对崇拜圣徒和圣物。尤其令教会上层统治者愤怒的是，他们否定私有财产，要求各级教士像福音书中的使徒那样抛弃尘世幸福。这一学说迅速吸引了法国城乡苦难缠身的下层人民，引起了世俗政权的不安。在世俗政权的支持下，宗教审判所就向阿摩利派发起进攻，把阿摩利派定为异端，迫使他们承认信奉离奇的魔王"柳齐弗"，"揭发"其信徒诸种所谓的亵渎圣礼的行为。这是几百年来教会将各派反对者定为异端后提出的典型的控告。自古以来，教会上层就诬蔑他们的敌人淫荡乱伦，为了某种仪式而杀害婴儿，亵渎圣礼。各种荒诞离奇的细节和卑鄙下流的情景，被任意加到一切异端者、犹太教徒及其他异教徒头上。对阿摩利派的一切诽谤不过是故伎重演，目的是败坏他们的名声，为"神圣"法庭镇压他们制造"合法"根据。之后，罗马教会又镇压了在意大利、法国和西班牙等国影响特别大的方济各会的反叛。其手段之残酷、理由之荒诞令人瞠目结舌，《中世纪宗教审判所》一书曾描述道："人类的乖戾有成千种表现形式，但它或许从未采取过比我们研究的那个时代更乖戾、同时也更可笑的表现形式。难以相信，人们能够根据这些理由而烧死和自己相同的人。"然而这毕竟是事实，正是基于同样的理由，宗教审判所的魔掌也伸向了意大利北部的"使徒兄弟会"，血腥扑灭了该派所谓的异端之火。

　　然而，铲除了异教徒和教内各异派的纷争和叛乱，维护了上帝的尊严之后，这些上帝"忠实"的使者的使命远未完成。他们还要为上帝打败魔鬼。

　　教会不能没有上帝，也不能没有魔鬼。对此费尔巴赫曾解释说："上帝非常需要魔鬼，因为他可以把一切蠢事统统记在它的账上。上帝没有魔鬼是不行的，敬畏上帝常常不外是出于对魔鬼的恐惧。"如果没有魔鬼，人们也就不需要从魔鬼手中拯救他们的教会和教士了。因此，中世纪基督教神学家们，包括"天使博士"阿奎那在内，总是竭力证明魔鬼的存在。但是到哪里去找魔鬼呢？

　　根据《圣经》的记载和神学家们的研究，教廷和宗教审判所认定魔鬼是存在的，而巫女就是魔鬼的后裔和代理人。据他们说，这种"魔鬼的后裔"不仅能干令人讨厌的勾当，而且能进行笼络人心的非常受欢迎的活动。他能够使爱情得到保证，能够治愈不治之症，能以非常有效的方法让为他效劳的人发财致富。在宗教审判所成立的很长一段时间里，他们对巫术的反对还没有像对待异端一样，因为虽然巫师和巫女同异端一样是"魔鬼的仆从"，但异端宣称新信仰，坚持错误的伪学，追求更大更危险的目的——推翻整个教会，代之以撒旦的组织；而巫师尚没有构成对教会的威胁。直到 1260 年，

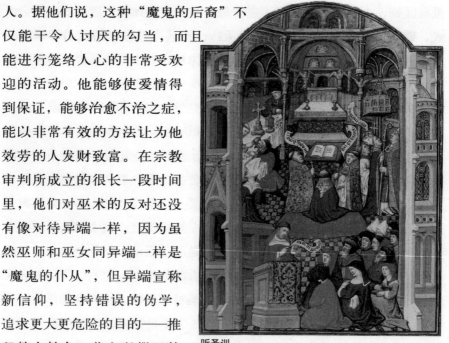

听圣训

信徒们恭敬地跪在地上聆听教士的布道，举行弥撒和圣餐礼，这幅作于 15 世纪的绘画反映了当时人们和教会的接近。

宗教审判所才得到教皇亚历山大四世的批示——只有当占卜和巫术案明确由异端引起时，才必须按宗教裁判所制度予以处理。由此也为惩治巫

术开辟了一条途径：只要把巫师和巫女是异端并且有着与异端一样的秘密组织联系起来就可以了。这对于宗教裁判员来说没有任何困难，只要宣布巫师或巫女是撒旦的战士，属于"撒旦的军队"，"巫女狂欢晚会"就是"撒旦的教堂"，这种秘密组织的存在就铁证如山了。可以说，没有一个宗教裁判员不能在刽子手帮助下强迫任何一个妇女承认参加这种狂欢会。发表于15世纪末的《巫女之锤》——号称妖法和巫术的知识宝库，详细记载了巫女的"罪行"，提出了侦探和消灭巫女的工作细则。镇压的理由在《巫女之锤》中有披露，后来经常被人反复强调。巫师所犯下的是最为恶劣的罪孽，巫师危害他人这点且不说，他们还建立了魔鬼的事业，这就犯了宗教罪。此外，他们还组成一个宗派，使得罪恶扩大蔓延，甚至用自己的鲜血起草一份盟约向魔鬼效忠。巫师否认上帝的宗教而接受魔鬼的宗教，不但是异端分子，也是叛教者。他们是明知故犯，因此法庭对于这样的人毫不怜悯，也不引导他们迷途知返。巫师若对自己的罪供认不讳，就被判处火刑。如果他表露忏悔之意，法庭就宽大处理，在处火刑前先吊死或绞死。当时的社会，没有人会对基督教信仰感到怀疑，因而，对法庭的判决常常不置可否。于是从15世纪中叶开始，一直到17世纪接近尾声，数以千计的巫师、巫女遭到追捕、检举、起诉，步上烈火熊熊的火刑架。教会通过迫害巫女，巩固了信徒对一切魑魅魍魉的神秘主义信仰，对严刑逼供和刽子手的恐惧和对人类灾难的无动于衷。

如果说迫害真正的异端尚且是宗教审判所为了世俗和教会封建统治者利益而进行的自卫反击的话，对"圣殿骑士团"也冠以异端之名而加以镇压则真正暴露出其伪善的本质和自私险恶的用心。

圣殿骑士团案之所以离奇，是因为这个宗教骑士团历来被认为是天主教会最可靠的僧团之一，对教会的愚忠，正是它的最大特点。可以以随便什么罪行告发他，却无法使它同异端沾上一点边。面对如此温顺的信徒，教会和世俗统治者还有什么不满足的呢？

从一位研究者的记述中，我们可以看出端倪。"神殿骑士是圣座的宠儿，因为圣座的政策是竭力使骑士变成只依赖罗马的军队，变成扩充教会势力和奴役各地方教会的驯服工具。因此它被广泛地授以各种特权作为奖赏；他们不缴食品税、什一税和任何赋税；他们的教堂和家庭享有避难权；他们本人同神职人员一样享有人身不可侵犯权；他们不负担任何封建义务，并宣誓只受罗马管辖，禁止主教把他们开除出教"。诸种特权使得圣殿骑士团逐渐变成了天主教会最强大、最富有的僧团之一。13世纪，它拥有几千个城堡，还占有塞浦路斯。它的赫赫威势引起了僧俗统治者的嫉妒招致了它的杀身之祸。

为了搜罗金钱填补国库的亏空，世俗统治者腓力四世把眼光转向了圣殿骑士团。经教皇同意，腓力四世开始行动起来，派亲信大臣和法国宗教审判所收集有损骑士团声名的材料。一份控告书列举了骑士团的五大罪状：指导者强迫新信徒入团时抛弃救世主和唾弃十字架；新教徒脱光衣服，指导者吻他"所有八个孔"（暗示新教徒淫乱）；领导者崇拜以长胡子头像为形式的偶像；骑士团神父在祈祷时不尊敬圣餐。据此，圣殿骑士团被定为异端。进而宗教审判所又使用了惯用的手法，把教会谴责过的其他一切异端邪说和大逆不道的信仰，统统加到他们头上。骑士团的活动遂被禁止。其成员的命运交给地方宗教会议决定，而财产则由医院骑士团移交给法国国王和世俗王公手里。

总之，中古基督教正统与异端之争，主观条件方面，虽然阐释教义之争辩是关键的问题，不过，本文从政治、社会、经济、思想及宗教的角度探讨中古基督教正统与异端之历史过程中，发觉正统往往就是争辩的胜方，败方则成为异端，而客观环境（包括政治时局的稳定或动荡、俗世与教会的状况、城市的兴起与教会的改革、知识分子与俗世王侯及教士的关系等）往往才是影响胜负的关键。

师必有名。

——《礼记·檀弓下》

第六章 让可能变成现实

　　罗斯福诞生于纽约州的一个富豪家庭，接受了良好的教育。他当选过纽约州参议员，担任过威尔逊政府的海军部次长，仕途可谓一帆风顺。但是，在1921年，正当罗斯福踌躇满志之时，39岁的他在一次游泳后不幸患上脊髓灰质炎（俗称小儿麻痹症），致使两腿瘫痪，不得不离开政界。是安心度过余生，还是继续完成没有完成的事业？罗斯福选择了后者。他以惊人的毅力锻炼身体，用拐杖支撑行走，较快地恢复了健康。1930年，以"要为美国人民实行新政"的诺言当选为美国第31届总统，并连续4次当选，他多次离国，组织并参加重要国际会议，以纯熟的外交技巧和坚强的毅力，为反法西斯斗争的胜利和美国的利益做出了重大的贡献。

1. 坚持就是胜利——寻找海伦的施里曼

　　近来，一部名为《特洛伊》的电影成为人们关注的对象，妩媚的海伦、勇猛的阿喀琉斯、沉稳的赫克托尔等形象深得影迷们的青睐，那么，特洛伊战争是不是历史的真实呢？有关特洛伊战争的神话传说长期以来广为传诵，古希腊人对之也深信不疑，伟大诗篇《伊利亚特》和《奥德赛》便取材于此。故事中说，女神忒提斯下嫁英雄佩琉斯，她愤愤不平，意图报复，便将一个金苹果抛向筵席，上面写着"给最美丽的人"。这引起了天后赫拉、智慧女神雅典娜和爱与美之女神阿佛罗狄忒的争吵，因为她们都自诩为最美。特洛伊王子帕里斯幸而不幸地成为她们的裁判者，并最终将苹果判给了阿佛罗狄忒，因为她许诺将让他得到世间最美丽的女子，这个女子

木马雕像

　　特洛伊战争中的木马计被广泛传诵，后人通过绘画、建筑、雕塑等不同艺术形式，对这一有名战例加以诠释。

就是斯巴达国王墨涅拉奥斯的妻子，那天姿国色的绝代佳人海伦。在阿佛罗狄忒的努力下，她最终被前往斯巴达做客的帕里斯用炽热的爱和花言巧语所俘虏，并与他私奔到了特洛伊。墨涅拉奥斯怎能受此凌辱，他便约同兄长，那强大的人间之王阿伽门农，邀请希腊各邦的英雄，共同征伐特洛伊。而特洛伊人则在老国王普里阿摩斯的长子赫克托尔的指挥下奋力应战，一场漫长而残

酷的大战开始了，天地为之动容，神灵也参与其中。最终，希腊人（在荷马史诗中通常称为阿开亚人）中机智的奥德修斯施出木马计：希腊人佯装撤离而留下了一个大木马，特洛伊人便将木马拖入城中。谁知马肚之中藏着许多希腊英雄，夜幕降临，他们便冲将出来，与城外大军里应外合，攻陷了特洛伊。但是，随着古典世界的衰亡，这种深信变成了怀疑甚至否定。19世纪上半期英国最伟大的古史学家乔治·格罗特就认为，希腊在公元前776年第一次奥林匹克运动会以前无信史可言，把这些模糊时代的所谓证据掂来掂去毫无意义。当然，也有人提出不同的看法，如1725年意大利大学者维柯就在《新科学》中论证了一切民族神话中的"天神或英雄的人物性格就是些真实的故事，而它们所寓的意义并不是比拟的而是只有一个意义，不是哲学性的而是历史性的，也就是那个时代希腊人的寓言故事"。但是，神话是虚幻还是真实，最终是通过考古学家手中的铁锹和铲子做出回答的，而德国考古学家施里曼正是在神话与真实之间不懈寻觅，并做出巨大成绩的第一人。

在同时代的那些正襟端坐的学究看来，海因里希·施里曼只是一个喜欢哗众取宠而又善于投机的商人而已。他出生于一个贫困的牧师家庭，14岁便辍学成了一家杂货店的学徒，但历经磨难之后他竟好运缠身——当然也不能否认他那杰出的经商天赋——19世纪60年代施里曼成了百万富翁。这个富翁也许没有学院派教授那样学富五车，但也算是才高八斗，他33岁时已经精通了15种语言，其中包括古代希腊语。更重要的是，他浪漫而执着，自从年幼时倾听了《荷马史诗》中那迷人的传说后，就发誓要找到那曾经让无数英雄抛洒热血的特洛伊，而经商与学习外语就是为实现这一信念的准备。

当所有的准备都已就绪后，这种雄心勃勃的活动开始了。施里曼判断，古代特洛伊位于土耳其小镇萨尔里克的山丘上，因此他于1871～1873年对这一地区进行了挖掘。这一次他一共挖出了七层相互叠压的城市，据此施里曼认为，特洛伊有七个历史时代。施里曼认为其中由下而上第三层即是荷马笔下的战争发生地，在此他发现了一个满是金银器皿和珠宝首饰的宝藏，即所谓的"普里阿摩斯的宝藏"。在许多考古学家与建筑家特别是窦普菲尔德的帮助下，施里曼于1878、1882、1890年又

特洛伊城考古现场

特洛伊城究竟在哪里，是特洛伊战争成就了荷马史诗，还是荷马史诗成就了特洛伊战争，人们仍在探究。

好几次恢复萨尔里克的发掘工作，这一系列的活动开创了现代考古学的新纪元。

在第一次挖掘之前，施里曼曾许诺将所获的一半东西交给土耳其政府，但出于更好保存的目的，他将"普里阿摩斯的宝藏"偷运出了土耳其。土耳其政府恼羞成怒，一度禁止他继续发掘的工作，因此施里曼将注意力转移到了迈锡尼，当然这也有通过对这一地区挖掘以与特洛伊考古结果相类比的目的。迈锡尼是传说中阿伽门农的王国，坐落在伯罗奔尼撒半岛查拉山与埃里阿斯山之间的山峰上。至今它那巨石叠成的雄伟城墙仍在，高大的狮子门尚存。特洛伊战争结束后，它们曾迎接过凯旋的阿伽门农。但不幸的事情也随即发生了，据《奥德赛》记载，凯旋的阿伽门农行尘未落，王后克丽泰涅斯特娜及其情夫埃吉斯托斯就设下毒计，将这个经历了十年激战的人间之王暗杀在浴池之中。8 年之后，阿伽门农的儿子奥莱斯蒂那终于为父报仇，杀死了凶手。2 世纪的希腊作家鲍沙利阿斯曾记载，"克丽泰涅斯特娜和埃吉斯托斯埋在（迈锡尼城——引者）外边不远，因为墙里面是阿伽门农和那些同时被害的人的安息地，他们没资格埋在那儿。"

施里曼坚信此说，因此他于 1824 年在城墙里面展开发掘。1826 年 11～12 月间，幸运女神再一次降临，施里曼挖出了五座坟墓，及 15 具大多为黄金面具所覆盖的尸体（此时已成骨骼），此外还有许多金质陪葬品。其中一具骨骼体格魁梧，看似年轻，施里曼坚信这就是那伟大的人间之王。兴奋的他迅即发电给希腊国王："我凝视着阿伽门农的脸庞。"

除了在特洛伊与迈锡尼的光辉业绩，施里曼还在荷马笔下的"黄金城"奥科墨洛斯与"坚固的"梯伦斯进行了发掘。在后者，他在窦普菲德的帮助下发掘出了"传奇般的梯伦斯国王的巨大宫殿"，并发现该宫殿的布局同荷马笔下的奥德修斯的宫殿极为相似，他自豪地称："自今而后，若出版一部有关古代艺术的书，里面没有收入我画的梯伦斯宫的平面图，那简直是不可思议的。"其实，施里曼本人以浪漫、执着、才华与财富使自己从一个被人轻视的商人变成了"希腊史前考古学的缔造者"，这本身就是不可思议的。他介绍考古成果的著作《特洛伊古迹》、《梯伦斯》、《迈锡尼》等在欧洲各国广泛流传，当索菲亚（施里曼年轻而端庄的妻子）登上英国皇家学会的讲坛讲述他们神奇般的考古经历时，所有人都瞪大了眼睛。1890年，68岁的施里曼静悄悄地病故在返乡的途中，当著名学者约翰·迈尔斯得知这一消息时，悲痛万分，感觉"春天已经从一年中逝去了"。

施里曼的考古活动将一幅古老而又崭新的文明画卷展现在人们的眼前。但是，令人惊奇的是，他竟然是一个业余考古学家。也许，业余还是专业并不重要，重要的是你要有热情，有耐心。正如西拉姆在《神祇·坟墓·学者》中对他的评价那样，"业余活动家的活动本身就是目的，而专业工作者不过是把它当作达到某种目的的手段，只有当一个人关心一件事物本身，当一个人热爱某种活动并出于真挚的感情，才会真正地全力以赴。"如果你也能做到这点，那专家所得不到的金苹果，说不定就要掉在你的头上了。

现在
前85—500年
前700—前85年
前1250—前1000年
前1700—前1250年
前2000—前1700年
前2100—前2000年
前2200—前2100年
前2400—前2200年
前3000—前2400年

特洛伊城历史变迁示意图

2. 以弱胜强——奥斯特里茨战役

在实际的社会环境中，博弈环境往往具有不确定性，这不仅给了战略主体风险与威胁，而且还带来了机会和希望，对于本来难以取胜的一方来说，尤其如此。不过，这种机会和希望要转化为现实，还需要战略主体进行富有智慧的策略选择。一般来说，处于战略劣势的一方如果能巧妙地让强大的敌人的兵力分散，而自己却迅速集中，在某一个局部、某一个点上造成相对的优势，往往就能以少胜多，以弱胜强。这就是战略上的以少胜多和战术上的以多胜少的完美结合。1805 年的拿破仑就在奥斯特里茨用实际行动说明了这一点。

1804 年 12 月 2 日，拿破仑加冕称帝，建立了法兰西帝国，史称法兰西第一帝国。拿破仑登基后，积极建设海军部队，准备对英作战。英国慌忙联络奥地利、俄国组成了第三次反法同盟。奥俄在东线向法国发起强大的攻势。面对这一形势，拿破仑放弃了登陆英国的计划，挥

拿破仑在奥斯特里茨大会战前夕的战场上

师东进，在乌尔姆要塞围歼了奥军主力。1805 年 11 月 13 日，拿破仑攻占维也纳，奥皇弗兰西斯二世逃往摩拉维亚首府布尔诺，与来到此地的俄国沙皇亚历山大一世会合。事不宜迟，为了赶在寒冬季节以及俄奥援兵到来之前结束战争，拿破仑立即命令缪拉、拉纳和苏尔特三军一鼓作气，乘胜追击。11 月 20 日，拿破仑击败联军司令库图佐夫所率的俄军，进入布尔诺，并在布尔诺以东 13 英里的一个村庄奥斯特里茨赶上了俄奥联军。两军暂时形成对峙之势。

形势对拿破仑并不利。俄奥联军共计有 9.3 万人，并且还有源源不断的援兵正在靠拢。而法军此时能投入战斗的只有 7.3 万人。更危险的是，位于他们侧后方的普鲁士大军对之虎视眈眈，如果不能尽快结束战斗，法军将面临腹背受敌的险恶局面。

拿破仑首先竭尽全力推迟了普鲁士的参战，解除了后顾之忧。剩下的就是尽快与敌人展开一场决战。离维也纳 120 公里处的奥斯特里茨村西面，有一块很好的地形，中间是普拉岑高地，南面是沼泽地，只有一条山路通向外边，如果占领了高地，就可以控制周围大片地区。这是一个理想的战场，拿破仑决定，在这里全歼联军！为诱使敌人与他决战，拿破仑命令前哨部队开始撤退，暂时让出了高地。又遣使谒见沙皇亚历山大一世"示弱"，并在沙皇特使面前装出一副信心不足和胆怯的样子，随后沙皇和奥皇得到了这样的报告："法军人人形容枯槁，已经站在覆灭的边缘。现在问题不在战胜他们，而是把法国佬全部包围歼灭！"

二皇认定拿破仑已成强弩之末，势必要往维也纳方向退却，便采纳了联军参谋长奥地利将军魏罗特尔提出的作战方案，即分出部分兵力牵制法军左翼，以主力进入利塔瓦河谷，向法军薄弱的右翼迂回，并切断法军退往维也纳的通路，继而包围歼灭法军。实际上拿破仑根本不想退回维也纳，如果他战败了，他也只会向西退入波希米亚，那里通往法国的退路更为方便。法军沿一条叫作戈尔德巴赫的沼泽小河的右岸向东展开，右翼（南段）有一连串冰冻的湖泊和沼泽地作为掩护，由苏尔特的第 4 军把守，兵力较为薄弱，用 1 万人牵制住了敌人的 4 万人。在其右后方，有达武的第 3 军作预备队。拿破仑把三分之二的兵力集中在了中路和左翼（北段），由拉纳元帅的第五军和贝尔纳多特元帅的第一军扼守；缪拉元帅的骑兵军、乌迪诺将军的掷弹兵师和贝西埃尔元帅的近卫军则在其后充当预备队，拿破仑的指挥所也设在这里。这一区域是用6万人对付联军4万人，这样，法军在决定性作战地域的兵力对比上便形成了局部优势。

拿破仑在奥斯特里茨战场上

一切尽在拿破仑的掌握中。12月1日，大战在即，他向全军发布了一份公告：

"军人们，你们面前的俄军正准备替在乌尔姆战败的奥军复仇，他们正是你们在霍拉步仑所击败的那些部队，现在却跑到这里来了。

"我们所占据的阵地坚不可摧，如果敌人企图迂回我军右翼，就势必将其侧翼暴露在我们的面前……

拿破仑战后查点士兵伤亡情况

"这次胜利将结束我们的战役，我们可以住进冬季营房过冬，并将得到国内新建军团的增援。到那时，我所致力赢得的和平就将无愧于人民，无愧于你们和我自己了。"

1805年12月2日，也就是拿破仑加冕登基的周年纪念日，拿破仑战争史上一次最著名的、最辉煌的战役打响了。拂晓，俄奥联军按线式战术的部署，分成6路纵队开始进攻。北面两个纵队由巴格拉吉昂和利赫特尔斯登指挥，他们横越布尔诺——奥斯特里茨大道攻击由拉纳的第5军和贝尔纳多特的第1军所防守的北段，君士坦丁堡大公指挥的俄国近卫军则作为预备队跟在两支俄军后面。中央方面，科洛华特指挥的奥军25,000人攻击在柯贝尼茨的苏尔特的第4军。联军攻击的主力则在普拉岑高地以南，共有 3 个纵队，3.3 万人，由俄将布克斯盖弗登指挥，指向在戈尔德巴赫河畔的苏尔特军的南段。

战斗一开始，联军由于在数量上占优势，作战取得一定进展。法军右翼阵地的索科尔尼兹和狄尔尼兹村相继被俄军攻取。拿破仑立即把作右翼预备队的达武的第 3 军调了上来，向俄军左翼进行反冲击。经过一番激战，俄军伤亡惨重，并被逐往戈尔德巴赫河。沙皇看到联军主力的攻击受挫，进攻部队开始出现后退现象，便命令占领普拉岑高地上的部队放弃阵地，前去增援南翼的联军。他的目的是要保障南翼联军右翼和侧后的安全，同时增强那里的攻击能力。殊不知这样一来，便自己把联军的整个部署给打乱了。

拿破仑一直在等待的时机终于来到。拿破仑立即命令苏尔特率两个师前去占领高地，由于俄军已经撤出阵地，法军只经过短暂的战斗就占领了这一要点，从而将敌人切成两段。科洛华特纵队在行军中受到侧面攻击，秩序大乱，四下溃逃。俄国皇帝、总司令库图佐夫以及司令部正是跟在这支纵队之后，因而失去了对联军的控制。

普拉岑高地一经失守，亚历山大随即意识到了自己的失策，因而在库图佐夫的协助下，下令将所有的预备队调上来，企图重新夺回这一高地，法军则竭力抵抗。到中午十一时左右，经过了两个小时的拉锯战以后，俄军终于再也无力对普拉岑高地进行反击了。紧接着，法军转入进攻，把俄奥联军从阵地中央切开，使他们分为互相不能策应的南北两个部分。位于南面的联军主力，完全暴露在占领普拉岑高地的法军火力之下。

与此同时，在北段，法军的第五军和第一军在缪拉的骑兵军的配合下，顽强地打退了联军两个军的多次冲击，稳稳地坚守着阵地。而在削弱了联军的进攻能力以后，缪拉的骑兵军和拉纳的第五军果断地进行了反击，把北面的联军赶回到了奥斯特利茨。这样，联军在整个战线的中部和北部都被法军彻底击溃了。

拿破仑占稳普拉岑高地以后，开始集中兵力对付南边的联军。他调上火炮，用以支援法军的全线反攻。随后，他命令苏尔特军顺着普拉岑高地冲下山去，袭击联军的侧后方。正和达武军激战的敌军猝不及防，在两面夹击下被击溃，大部分被压缩到了扎钱湖和莫尼茨湖之间的沼泽地带，在刚刚结冰的湖面上，人马车炮，拥挤不堪。已经等候多时的法军炮兵，开始从高地上向湖面进行猛烈轰击。顷刻之间，冰层塌陷，无数敌兵葬身湖底。联军大败，二皇仓皇逃走，气势恢宏的奥斯特里茨战役就此告终。此役俄奥联军死伤1.5万人，

1805 年 12 月 2 日，俄奥联军惨败奥斯特里茨

损失火炮 186 门，炮兵几乎全被消灭，余众四散逃命，俄奥联军事实上已不存在。法军仅伤亡 6800 人。

不久，奥皇提出休战，拿破仑当即同意，条件是要求所有的俄军撤出奥地利，退回波兰。12 月 5 日，俄军开始撤退。12 月 6 日，法奥签订停战协定，奥地利再次丧失大片领土和属地，付出大宗赔款。会战后，欧洲第三次反法联盟随即瓦解。

奥斯特里茨会战是拿破仑的军事杰作。其运筹帷幄，无论是在战略方面还是在战术方面，都是无懈可击的，而其反击的时机也选择得恰到好处。正如中国宋代的杰出军事将领岳飞所言："运用之妙，存乎一心"。恩格斯在《奥斯特里茨》写道："奥斯特里茨被公正地认为是拿破仑最伟大的胜利之一，它最为有力地证明了拿破仑的无与伦比的军事天才。因为，尽管指挥失误无疑是盟国失败的首要原因，但是他用以发现同盟国过失的洞察力、等待过失形成的忍耐力、实施歼灭性打击的决断能力和迅速摆脱失败困境的应变能力——这一切是用任何赞美之词来形容都不为过的。奥斯特里茨是战略上的奇迹，只要还有战争存在，它就不会被忘记。"

3. 与时俱进才能常战常胜
——谈法国在两次世界大战中的表现

　　在博弈活动中，参与活动的双方作为具有能动性的主体，都不是静止不动的，而是不断变化的。因此，如果能在不违反博弈基本原则的情况下，注意对方动向，适时改变策略，就能取得主动，走向胜利。正如《百战奇略·变战》所说，"能因敌变化而取胜者，谓之神"。如若不然，只能是将主动权交给对方，自己品尝失败的恶果。法国在两次世界大战中的表现就生动地说明了这一点。

　　战争的成败得失，关系到政治、经济、国际关系等各个方面，我们在这里谈的主要是军事战略上的得失。在第一次世界大战前，法军一直模仿拿破仑的用兵范式。拿破仑的战略总的来说就是进攻至上。他说过，他的想法与腓特烈一样，一个人总是应该先动手攻击的。如果允许别人进攻自己，那是一个极大的错误。"要使战争变成进攻的，像亚历山大、汉尼拔、恺撒、古斯塔夫·阿道夫、杜仑尼、尤金和腓特烈等人所做的那样，你就要学习他们为典范，这是使你成为名将和了解战争艺术秘密的唯一方法"。一战前的法国遵循的也是进攻战略。本来，普法战争失败后，法国一方面在积极准备报复的同时，还小心防备德国再次发动战争，因此沿法德边境全线修筑以坚固的要塞为支撑的绵亘防线，从南端的贝尔福一直延伸到北端的凡尔登，后来更延伸到法国与卢森堡、比利时的边界，边境地区的军事重镇都筑成要塞，甚至巴黎也修建了坚固的防御工事，法国成了一个里三层、外三层的大堡垒。但是，随着法国力量的恢复与增长，以及国际环境变得有利于法国而不利于德国，法国认为收复失地的时机已经到来。国内的复仇情绪和战争狂热日益高涨，认为防御是消极的，达不到复仇的目的，甚至是极为可耻的。这样一种民族心态和政治动机，促使法国的战略思想由防御急剧转向进攻，无条件的"绝对进攻精神"统治了法军领率机构的头脑。1911年，主张防御反击战略参谋总长米歇尔被赶下台，他的接替者霞飞就任后立即着手制定新的战争计划，即"第17号计划"。这是一个贯彻新的"进攻精神"的计划，它要求集中法军主力于阿尔萨斯—洛林当面地区，在战争一开始即对德国发动坚决的进攻。法国参谋总部尽管已经掌握了德国可能经比利时迂回法国的情报，但仍不打算改变自己的进攻计划，认为无条件的进攻可以挫败德国的任何战略。结果，战争到来后，法国在德国的强大进攻面前惊慌失措，急忙将军队主力调向北线，预期向阿尔萨斯—洛林的进攻变得软弱无力，甚至没能牵制德军的左翼，丝毫不起战略作用。

实际上，在一战期间，交战双方原来都计划打一场速战速决的短期战争，企图通过几次大规模的决战来取得战争的胜利，交战双方的军列上都用粉笔写着"圣诞节回家"的标语。但是，他们不久便发现自己卷入了一场持久的、残酷的战争折磨之中。传统的进攻方式是大批步兵在炮火的掩护下发起冲锋。但是，这时正处于机关枪称雄的时代，防守者依托阵地发挥火力远比运动冲锋更占优势，贸然的进攻在深壕沟、铁丝网、巧布的地雷和机枪掩体相结合的防御设施面前完全无效。战争开始才四个月，法国已经损失了85万人。德国和英国也分别损失了70万和9万人，双方都不得不调整作战方案，战争成了长期

协约国的军队在战争中小憩，等待下一次进攻的开始

消耗的阵地战。双方的军队都稠密地布满整个战线，构筑起多地带、多层次的纵深防御。在进攻时，双方都曾经想用炮火作为突破对方防御的

"开听刀"，实施长时间的密集炮火准备，有时炮火准备竟达七天，但常常只能突破一两道防线，就被对方在新阵地上建立起来的防御所阻遏。

但是即使如此，霞飞仍然坚信，密集的炮火轰炸加上大部队的正面攻击必将带来胜利。但是，接二连三的进攻并未使战线发生变化，结果只是人员伤亡惨重。不过，德国统帅法金汉也同样固执，他于 1915 年圣诞节向德皇提交了一份备忘录认为俄国即将完蛋，法国这时是最易受攻击的协约国国家。因此，他建议全力进攻易攻难守的法国要塞凡尔登。1916 年 2 月 21 日，凡尔登战役爆发。德国人在短短八里长的战线上集中了 1400 门大炮。经过毁灭性的狂轰滥炸之后，他们攻占了杜奥蒙炮台。法国人赶紧调集增援部队，并集中兵力进行防御，提出了"不让他们通过"的战斗口号。德国人的进攻一直持续到 7 月以前，但预期目标并没有达到，进入 7 月之后，他们被迫由攻转守。将近年底时，法国人开始反攻，重新夺回了春季时失去的阵地。但这一胜利又冲昏了法国人的头脑。1917 年，韦尼勒接替了霞飞任参谋总长，他以极大的热情鼓吹一种新型的闪电战，说这种闪电战能以极少的伤亡赢得胜利。这种战略最终被接受。而德国一方却用兴登堡和鲁登道夫取代了法金汉，决定在西线继续采取守势。兴登堡将其部队撤回到一个新的设防阵地"齐格菲防线"，即人们通常所说的"兴登堡防线"。这条防线更直、更短，筑有更多的防御工事。这一撤退彻底打破了韦尼勒的进攻计划，当法军以及英国和加拿大的军队按照预定计划跃出壕沟发动进攻时，遭到了异常猛烈的还击。然而，韦尼勒不顾一切，顽固地坚持进攻，甚至激发了法国军队的起义，他们称韦尼勒为"吸血鬼"，坚决反对这种毫无意义的大屠杀。于是，贝当取代了韦尼勒。贝当一向强调防御，反对盲目进攻。一战前期，他历任步兵旅长、师长和军长，率部参加了马恩河战役和阿拉斯、香槟等战役。1916 年 2~5 月，出任凡尔登要塞司令，采取果断措施进行顽强防御，取得了重创德军的重大胜利，为协约国军队随后转入反攻创造了有利的条件。尔后，出任中央集团军群司令、西线法军总司令。他接替韦尼勒后，平息了法军的哗变，并指挥法军参加了协约国军对德军的总进攻，成为法国的英雄。一战后，贝当于 1920~1931 年担任法国最高军事委员会副主席，1922 年起兼任陆军部总监，

1931 年起任防空总监，1934 年 2 月起任陆军部长，其战略思想在很大程度上影响了法国的军事建设。

如果没有第二次世界大战，贝当或许可以成为法国历史上的永远的英雄。但是，二战的爆发不仅使他成为败军之将，还成了法国的罪人。而这也正是法国人在军事战略上保守僵化的一个写照。在军事战略上，法国片面强调第一次世界大战的经验，故步自封，忽视坦克、飞机等

法军在一战的后期逐渐掌握了主动权，图为法军空军在对撤退的德军阵地进行轰炸。

新式作战武器给战争带来的重大变化及对战争指导所提出的新要求，一厢情愿地认为边境地区的阵地战就足以成为打败德国的"第二个凡尔登"。贝当说，"设将全部国防线建筑堡垒，则敌人在陆上即无法加以摧毁与超越。此种阵地用自动火器和铁丝网配合，是以掩护后备军之动员集中，则法国安全可以保证。"在这种"防御比进攻更有效"的思想指导下，法国用大量的人力、物力、修筑了一道"马其诺"防线。

马其诺防线以原法国陆军部长马其诺的名字命名，从 1929 年开始修建，历时 9 年竣工，全长 200 公里，横亘在德、法边境上，耗资 2000 亿法郎。防线修得坚固、舒适、很现代化，全是钢筋水泥结构，上面是防御堡垒，下面深入地下五六层，有暗道相通，上下用电梯，有电灯电话，有士兵的宿舍、食堂和娱乐场所。1938 年法国总参谋部制定的战争计划中就有这样的规定："固守构筑在边境沿线及其接近地带的防御阵地，以保障国土完整和掩护武装力量的展开，这些防御阵地以后要成为将来作战的基地。"在这一错误指导思想的作用下，战争期间，法国始终部署重兵防守马其诺防线。由于兵力总体分配不当，结果严重影响了其他方向特别是主要作战方向的作战。

由于墨守一战中依托坚固工事的阵地战、防御战经验，法国无视科学技术的进步与发展给现代战争带来的新变化、新特点，忽视了现代空军、装甲部队、机械化部队的作战威力，因此没有建立起强有力的空军和坦克、摩托化部队。贝当认为，无论是坦克或飞机，都不能

改变未来战争的固有条件，而民族的安全只能依靠防御工事。他们只注重对步兵的防御，忽视对坦克兵的防御，必然经不起集群坦克和机械化部队的冲击。而在德国，希特勒认为，坦克部队和空军部队不仅可作为进攻手段，而且也作可为防御手段，其技术之高是其他力量望尘莫及的。因此，从1939年9月到1940年4月，德国就制造了680辆新型坦克和1,500架飞机。德国组建有2,000多辆的坦克集群，作为突破敌方阵地的主要力量。开战时法国的坦克数量并不比德国少，但法国把坦克分散到各个步兵师团去，像撒胡椒面一样，起不到作用。当德军突破后，法军无力进行反击。同时法国最高统帅部还忽略了把坦克集中使用在主要方向上的反冲击作用，仍以为坦克只是一种支援步兵的武器。因此，戴高乐指出："法国的坦克并不比德国少，但它们被分散在各个地段上投入战斗，也分散地、一个个地被消灭掉。总之，法军的战争指导，远远落后于战争的实际，这是法国惨败的一个重要原因。"

德军在鼓声中走过凯旋门

1940年6月14日巴黎失陷，德国纳粹几乎没有发过一枪一弹。

军事当局对马其诺防线的过分重视和渲染，使法国军界产生了严重的自满心理，这种自满心理造成的惰性使得法军无论在战争准备还是战争过程中都处于近乎茫然的状态中。法国对德宣战初期，也就是波德战争期间，德军主力倾力于侵波战争，其西线力量非常薄弱。德国的维斯法尔将军说："9月间德国在西线连一辆坦克也没有。弹药的储备只够打三天。我们在后方没有顶用的后

德军轰炸过的伦敦硝烟弥漫，战争的恐怖笼罩着圣保罗教堂

备队。空军全部都在波兰执行任务，只剩下几架侦察机和陈旧的战斗机供西线使用。"德国陆军几乎把全部兵力，尤其是坦克和飞机都集结在波兰。而法军在火炮的数量和质量方面占优势，如果趁机加以攻击，"可能不遇到严重抵抗即可越过莱茵河，并威胁作为德国进行战争的决定因素的普尔矿区"，希特勒决不会置这一严重后果于不顾，一味铤而走险。再退一步，即使法军进攻受挫，也还可以退守马其诺防线，稳住阵脚，正面御敌，发挥堡垒地区的作用，持久作战，使战争按己方预定的方向发展。当时在西线服役的德国专家，想到法军可能马上就要进攻，都感到毛骨悚然。但是，这样的进攻竟然没有出现，从宣战到1940年5月，德法边境上竟没有发生一次真正的战斗，英法陆军静静地坐在钢筋水泥工事后面，眼睁睁地看着德国士兵在前线铁路上起卸军火弹药，毫不干涉，英法空军只从轰炸机上向德国掷下许多装宣传品的"炸弹"，没有实施过一次空袭。这种不可饶恕的错误，导致了波兰的沦亡，法国也错过了胜利的良机。

战前，法军的战略防御呈一线配置，缺乏韧性。为抵御德军进攻，法军联合英国远征军编有三个集团军群防御。法第一集团军群及英国远征军驻守法比边境直至海岸，第二、第三集团军群位于马其诺防线

至瑞士边境一线。1940 年 5 月 10 日德军发动进攻后，法国第一集团军群根据错误的预定"D"字计划与英远征军立即一道驰入比利时境内作战，结果一进入交战，法军从北到南摆成了"一"字长蛇阵，很快被德军抓住弱点从阿登山区突破而拦腰斩断，首尾不能自顾。但是即使在这种情况下，法军仍然缺乏进攻意识。5 月 16 日，在主攻方向上担任前卫的德军装甲部队已脱离主力成了孤军冒进之敌，它与跟随其后开进的步兵已拉开了整整两天的路程，一旦此时被切断前后战略联系，德军的前卫很快就会成为一堆废铁。然而，法军又没有及时利用好这一宝贵而又非常短暂的时机，坚决组织反击，粉碎敌人的进攻。总司令甘末林到了 16 日才仿照 1918 年作战的情况，拟定使用大量步兵师发动反击的计划，这自然跟不上战局发展的速度。同日傍晚，甘末林被解职，但其姗姗来迟的代替者魏刚 2 天后才上任，并且只考虑在法国北部松姆河和埃纳河一带筑一道"魏刚防线"，企图与马其诺防线连为一体以阻止住德军的进一步进攻。结果由于兵力捉襟见肘，更是无力反击。而德军则是乘胜连续不断进攻，法军招架乏力，防线漏洞百出，最后只能俯首称臣。而这也证明，在历史的博弈中，以经验为依据，来决定今后的策略选择的做法是不可取的。

4. 狭路相逢怎么办——古巴导弹危机

1962 年 10 月 14 日凌晨，天空万里无云，两架美国U－2飞机从南向北飞过了古巴西部上空，进行情报搜查。执行任务归来之后，他们拍摄的照片底片被送到洗印室，随后送到了判读中心。次日凌晨的发现惊动了整个世界：专家们认出了一座发射台、许多发射弹道导弹的建筑物，甚至在圣克里斯托瓦尔地区还发现了一枚中程弹道导弹。根据其他的挖掘工程来看，似乎还在修建射程为 2000 英里的中远程弹道导弹使用的坚固的永久基地，而发射装置上安装的，正是导弹核武器。20 世纪美苏两个超级大国之间最危险的对抗发生了。

苏联万里迢迢把导弹运到古巴有多种考虑，其中最重要的是为了在全球恢复美苏平衡。二战结束后，美苏两国展开了疯狂的军备竞赛，肯尼迪政府在 50 年代后期拼命扩充其核武器库，使美国在苏美核竞赛中处于领先地位。在 1962 年，美国所拥有的核运载工具大约比苏联多 5 倍。不仅如此，美国甚至已经用轰炸机基地和导弹包围了苏联，美国在土耳其、意大利和西德的导弹都对准了苏联，苏联重要的工业中心都处于核弹、战略轰炸机的直接威胁之下。相形之下，苏联只拥有约 350 枚至 700 枚短程导弹，这些导弹不能从苏联发射到美国，只能发射到欧洲，并且苏联核基地的准确位置已经被美军用新式的情报收集技术确定。苏联逐渐陷入被动局面。而此时古巴的主动示好给苏联提供了可乘之机。

1959 年 1 月卡斯特罗进军哈瓦那，古巴革命取得胜利。随着革命的不断深入，古美关系迅速紧张起来。为了保卫胜利果实，古巴新政权加紧发展对苏关系。在这种情况下，苏联领导人赫鲁晓夫决定在古巴设置核导弹。"如果我们秘密安装导弹，而在安装完毕、准备发射时美国发现了它们，则美国在试图用武力消灭它们之前就不得不三思而后行了。我知道美国人可能干掉我们的一部分导弹设施，但不可能是全部。只要 1/4 甚至是 1/10 的导弹生存下来——甚至是只剩下来一

部署在古巴的苏联导弹

两枚大家伙——我们仍然可以击中纽约，使之所剩无几。我并不是说每一个在纽约的人都会被杀死——当然不是每一个人，但是仍有为数可怕的一大部分人会被干掉。我不知道到底有多少：那是一件由我们的科学家和军事技术人员去计算的事，他们精通核战争，知道怎样计算用导弹袭击像纽约这么大的城市的后果。但那都无关紧要。我想，主要的问题是在古巴安装我们的导弹可以阻止美国贸然对卡斯特罗政府采取军事行动。除了保卫古巴外，我们的导弹还将使西方人所说的'力量均势'取得平衡。美国人已经用军事基地包围了我们的国家，并用核武器威胁我们，现在他们将尝到敌人的导弹瞄准自己是什么滋味了。"

　　面对苏联的导弹布置，美国政府迅速做出了反应。10 月 22 日晚上7 点，肯尼迪总统向美国和全世界发表广播讲话，通告了苏联在古巴部署核导弹的事实。肯尼迪认为这一"秘密、迅速和异乎寻常的导弹设施"是"蓄意的挑衅和对现状做出的毫无道理的改变，是美国不能接受的"。他说，苏联的行动是对国际协议和宪章的公然蔑视，也是对它自己的多次公开警告的公然蔑视。在特别提到那些导弹将能够打击西半球的大部分城市后，肯尼迪总统又以强调的语气列举了美国即将采取的"初步措施"：对一切正在驶往古巴的进攻性军事装备实行海上"隔离"；增加对古巴及其领土上军事集结的监视，如果苏联继续做进攻性准备，美国就有正当理由准备采取进一步的行动；从古巴发射的任何导弹将被认为是苏联对美国的攻击，因而，需要对苏联做出全面的报复性反应；加强美国在关塔那摩基地的力量，疏散军事人员的家属；立刻召开美洲国家组织会议，讨论对西半球安全的威胁；召开联合国安理会紧急会议，审议对世界和平的威胁；呼吁赫鲁晓夫放弃"统治世界的方针"，共同做出历史性的努力。 演讲刚刚结束，美国的"北极星"导弹潜艇便从军港蜂拥而出，向预定位置进发。包括北美防空司令部在内的美驻世界各地常规部队和战略核力量部队被命令进入 3 级国防戒备状态（国防戒备状态共分五级）。战略空军司令部首次进入 2 级国防戒备状态。23 日，肯尼迪总统签署了《禁止进攻性武器运往古巴》的公告。公告宣布，从 24 日期，美军将拦截可能前往古巴的船只并勒令这些船听候美军的检查；凡飞往古巴的运输机也将遇到拦截，迫令其降落美国机场听候检查，否则，即予以击落；对于被搜寻发现的苏联潜艇，如果无视要它"升出水面"的信号，即用深水炸弹予以炸毁。

但是与此同时，古巴工人仍在日夜不停地加紧建筑导弹基地，42枚中程核导弹正在加快拆箱，准备装到发射台上。莫斯科时间 10 月 23 日下午 3 点，苏联政府发表声明，谴责美国的海上封锁是"海盗行为"，宣称苏联决不会指示那些驶向古巴的苏联船只的船长服从美国海军的命令，如果美国要对苏联船只采取任何干涉行动的话，苏联将不得不采取必要和适当的措施，以保卫自己的权利。此时，局势紧张到几乎"难以忍受的程度"，核战争的阴影笼罩着整个加勒比海上空，整个世界危在旦夕。

在表面强硬的同时，美苏两国都在打着自己的算盘。对于苏联来说，或者将导弹撤回国内，或者坚持部署在古巴。如果轻易撤回，显然是爱面子的赫鲁晓夫所难以接受的，并且在迫于美国压力的情况下撤退，不仅自己行动的初衷没有达到，反而在以后的竞争中处于了下风，更难以在社会主义阵营中保持"大哥"风范。但是如果坚持部署，显然就极有可能导致战争的爆发，这并不是赫鲁晓夫所希望的，他的初衷仅在于追求力量平衡，"我们的主要目的只是要威胁美国，不让它去发动一场战争。我们充分意识到，一场在古巴爆发的战争必然将很快扩展成一场世界大战。只有白痴才会在古巴和美国之间发动一场战争。"而对于美国来说，也有两种选择，要么容忍苏联的挑衅行为，要么挑起战争。容忍是不可能，肯尼迪总统封锁的策略已经是顶住层层压力做出的，以参谋长联席会议主席马克斯韦尔·泰勒上将为一方，包括肯尼迪总统顾问中的多数人，主张全面空袭古巴，是属于"强硬派"。他们认为，封锁解决不了问题，应力求以空中袭击，摧毁那些导弹，这一办法不仅可以显示美国的决心，而且会使赫鲁晓夫恢复理智。即使总统本人，也不会容忍架在美国脖子上的发射架。但是挑起战争同样是美方不希望的。战争就意味着大规模的伤亡，哪怕持强硬态度的人也承认，美国一旦空袭，几乎可以肯定需要继之以陆上进攻，在进攻中可能会有 2.5 万美国人伤亡。更重要的是，这场战争直接在美国的家门口展开，大规模作战显然首先是美方自身受到严重打击，而全球范围的战争，肯定不是那些正在努力恢复元气的盟友们所希望的。显然，战争的结果是两败俱伤，任何一方退下来而对方不退同样是不可接受的，对于美苏而言，最好的方案显然是各自退步，缓解危机。

这样看来，

战争中的肯尼迪

1962 年 10 月 22 日，肯尼迪宣布实行海上封锁，并且要求苏联立即撤出核导弹。正当古巴准备反击美国新的入侵时，莫斯科却又单独与美国媾和。

美方采取暂时隔离的措施是合理的。一方面，它使美国可以更有节制地升级，根据形势发展的需要逐步升级或迅速升级；另一方面，向赫鲁晓夫发出的一种明白无误的——而又不是突然的或屈辱性的警告，让他们了解美国人期待他采取什么行动。在保持军事和国际舆论强大压力的前提下，肯尼迪开始与赫鲁晓夫正面接触，以求和平解决危机。他 23 日致函赫鲁晓夫说，由于美洲国家组织的支持，海上"隔离"取得"合法"地位，希望对方予以重视，以避免美国战舰向苏联船只开炮。他希望对方不要"让事态发展到难以控制的程度"。当天，总统的弟弟司法部长罗伯特·肯尼迪，受总统之托会晤苏联驻美大使，告知苏联在古巴的活动是导致美国军事反应的唯一原因，希望大使转告本国政府，唯一明智的办法就是撤除导弹。苏联方面也显示出了和解的征兆，赫鲁晓夫接受了关于举行高级会谈的建议，并且公开接见了在莫斯科举办音乐会的美国歌唱家罗姆·海因斯。与此相应，双方都在海上谨慎从事，避免军事冲突。

但是，正如我们上面的分析，轻易撤退是赫鲁晓夫不能接受的，他需要一个理由，一个可以保住脸面的理由。一方面，他在表面上毫不退却，反而加紧古巴基地的建筑进程，企图使之成为既成事实。另一方面，他致信肯尼迪，提出了两点要求。第一，美国许诺不入侵古巴；第二，撤除土耳其导弹基地。如果说第一点还在美国人意料之中的话，那么第二点则有点困难。因为尽管土耳其基地对于美国战略威慑计划并无"巨大的军事价值"，对"盟国"也只具有"象征性的重大意义"。但是，关键在于这些导弹"代表着美国对北约的许诺"。一时间，政府内部众说纷纭，难以达成一致。在这种情况下，肯尼迪表现出了一位远见卓识的政治家和战略家所具备的气度。他致信赫鲁晓夫，同意做出不入侵古巴的许诺；他还保证，苏联一旦停建并且撤除导弹基地，美国将停止"隔离"行动。另外，肯尼迪派其弟向苏联驻美大使多勃雷宁传话："美国不能在威胁和压力下做出撤走土耳其的导弹的决定。但是，肯尼迪总统早就急切地想把这些导弹从土耳其和意大利撤走，他前些时候就已命令撤走这些导弹。按照我们的判断，这一危机过去后要不了多久，就会把那些导弹撤走。"

赫鲁晓夫此时也已经认识到，长期容忍无法打破而又日益加强的封锁，不利于苏联，封锁拖得越久，苏联的损失比美国就越大。因此，10 月 28 日，莫斯科电台广播了还没有来得及校阅的赫鲁晓夫的回信。

苏联舰艇

载有进攻性导弹的苏联舰艇从古巴返航，肯尼迪在与赫鲁晓夫的初次交锋中占尽了上风

信中说："我非常理解您以及美国人民对于您所称为进攻性武器所感到的忧虑，这的确是一种可怕的武器。您和我都了解，这是一种什么性质的武器。为了尽快地消除这一危及和平事业的冲突，为了给渴望和平的各国人民以保证，苏联政府除了此前已下达的在武器的建筑工地停止施工的命令外，现又下达新命令拆除您所称为进攻性的武器，并将它们包装运回苏联。" 一场危机终于结束了！

　　这一结果是美苏两国都希望看到的，对于苏联来说，退下来总比战争要好，况且还在一定程度上保住了面子；对于美国而言，虽然稍有让步，但是终归没有发生战争。可见，狭路相逢，只有勇敢并不一定能取胜，还需要有远见卓识的智慧和保持克制的理性，有时候，退一步总比损失惨重强；勇敢能保证这种退步"优雅"就够了，否则只是莽撞而已。如果肯尼迪和赫鲁晓夫不是这样的话，恐怕我们已经如同前者所说，"像恐龙一样，从地球上消失"了。

　　夫运筹帷幄之中，决胜千里之外。

——刘邦

第七章 都有自己的活法

　　2004年北京时间7月5日2时45分，在葡萄牙里斯本光明球场开始的欧洲杯决赛中，希腊1：0力克葡萄牙，奇迹般地夺得冠军，历史性地首次捧起欧锦赛冠军奖杯。希腊队在历史上仅参加过一次欧锦赛决赛阶段的比赛，他们在欧洲一直是二流球队，此次竟然能够闯过东道主葡萄牙队、上届冠军法国队、传统强队西班牙队和欧洲新贵捷克队的重重阻碍，最终折桂，从而成为世界足球大赛史上最黑的一匹黑马。这一切都是与德国主教练雷哈格尔分不开的，这位有"奥托大帝"之称的主教练针对希腊队员整体实力逊色、没有大牌球星的状况，着重加强了球队体能的训练和团队精神的培养，在此基础上，他坚持在比赛中使用人盯人再加一个自由人的防守模式，让热衷于进攻的欧洲豪门们头疼不已。

1. 克娄巴特拉的鼻子

公元前 48 年秋天的一个晚上，托勒密王朝统治下的埃及亚历山大里亚城的一个住所内，罗马共和国的独裁者恺撒正倚在床头看书。不久前他因追杀对手庞培而来到此处，却还没来得及手刃庞培，后者已为当时的埃及国王托勒密十三世所杀，他滞留此处，是想等待埃及还清所欠债务，好为自己的大军提供补养。夜色渐浓，突然听见侍卫报告，说有人送来一捆波斯地毯。得到恺撒允许之后，地毯被抬了进来，同时进来的还有一个年轻的希腊人。地毯看起来雍容华贵，但是有点特别的是它似乎太大了。恺撒用刀挑开捆绳，慢慢地翻开了地毯，他一生戎马生涯，见多识广，充满警惕又不怕危险，但这一次却为这捆特别的地毯惊呆了。

原来，在地毯的末端，竟然躺着一位绝代佳人。后来，一本名为《震惊世界的女人》的书中这样描述她的美貌："她有像青春少女那样的苗条体态；有一双乌黑发亮的大眼睛，高高隆起的鼻子比普通妇女更显得高贵，一头乌黑发亮的长发，衬托出细腻白皙的肌肤，使裸露的肢体如脂似玉；微微翘起的嘴唇，似笑非笑，蕴藏着一种高深莫测的神秘。可以说她既具有东方美女的妩媚，又具有西方美人的丰韵，可谓天姿国色。"美人含情脉脉又充满羞涩地注视着目瞪口呆的恺撒，幸

众王之后克娄巴特拉头像

好旁边希腊年轻人的大声通报才打破了尴尬，"尊贵的王后陛下驾到！"原来，这就是托勒密十三世的姐姐兼妻子克娄巴特拉七世，她因为惊人的美丽而被后人称作"埃及艳后"。

亲属联姻共同执政是托勒密王朝的风俗，托勒密二世、八世、十二世都曾经与自己的姐姐结合。托勒密十三世和克娄巴特拉的父亲托勒密十二世于公元前 51 年去世，遗嘱中规定由埃及艳后和弟弟托勒密共同统治埃及。但是，这对同父异母的姐弟向来不合，十三世在宦官波体努斯的挑动下，于公元前 48 年把克娄巴特拉驱出了埃及，后者只带着少数部队退向叙利亚边界。

如果是平常的女人，被驱逐就是宣告了政治生涯的结束，纵有美貌，也顶多成为孤芳自赏的资本而已。但是克娄巴特拉不同，她从小就接受了最好的古

克娄巴特拉以其智慧和万种风情令恺撒不能自持

希腊教育，能流利地使用几种语言。与托勒密其他的孩子不同，她对埃及文化具有异乎寻常的兴趣。她从奴婢那里学会了埃及妇女著名的社交美德，她还崇拜并学习了埃及的古宗教。此外，她还是托勒密家族当中第一个学会埃及语的人。克娄巴特拉不仅才智过人，而且意志坚定，顽强不屈。她不仅企盼着能重掌大权，而且希望埃及能够独立自强，而不是罗马的附庸国。但是，如果缺乏理智，这些想法只能使得自己命丧黄

泉。首先，埃及上下已经控制在十三世手中，克娄巴特拉一无兵权，二无民心，何以复位？其次，罗马是当时西半球最强大的国家，其大军所向披靡，战无不胜；而埃及已经不复强大，沦为罗马的附庸国，奋起抗击并且获胜是不可能的。现在可以利用的，就只有自己的美貌了。克娄巴特拉也许在想："全天下的男人在女人面前都会变成孩子，那么恺撒是不是会变成她怀中的小猫呢？"恺撒，罗马的无冕之王，如果一旦对自己言听计从，那么还有什么办不成的呢？于是，克娄巴特拉秘密回到亚历山大里亚，以这种特别的方式进见恺撒，策划了人生中最大的一次赌博。

事实证明，克娄巴特拉的赌博成功了。由于恺撒狮子大开口，托勒密十二世和众大臣已经对他不满，招待也有所怠慢。恺撒自然对此十分不满，当时碍于手中兵力太少，不好发作，克娄巴特拉的出现，正好给他提供了一个扶植自己温顺代言人的机会。更重要的是，恺撒生性放荡好色，号称"万妇之夫"，当一个如此动人的女人来到面前时，怎么能不动心呢。但是，克娄巴特拉与其他女人的不同之处在于，她不仅拥有美貌，而且拥有智慧，甚至具备一种坚韧的野性，这使得恺撒不仅动心，而且倾心了。

倾心的第一个结果就是克娄巴特拉王位的获得。第二天托勒密接待恺撒时候，发现对面站立的竟然是可恨的王后，便令众人擒之。面对骚动的人群，克娄巴特拉似乎不用担心，因为她的身边有恺撒。恺撒打开托勒密十二世的遗嘱宣读，希望以此平息冲突。但是，十三世和众大臣却不愿再接受克娄巴特拉。于是，一场反恺撒的战争爆发了，恺撒取得了最后的胜利，十三世和他的重臣先后身亡，克娄巴特拉理所当然地登上了埃及王位。埃及艳后的第一个目的达到了。但是恺撒毕竟不等于罗马，罗马毕竟还有一个共和国的外衣，埃及仍然有着被吞并的危险。女王的下一个计划开始了。

我们有理由相信，女王也爱上了恺撒，至少，这是让她动心的第一个男人，她还为之怀上了第一个孩子。暴乱平息后，女王陪同恺撒游埃及，从吉扎到孟菲斯，再到赫蒙斯。正因为此，埃及全国都知道了女王背后的恺撒，不敢再有造反之心；而恺撒也从木乃伊以及埃皮斯神牛那

克娄巴特拉回宫

恺撒在罗马迎接克娄巴特拉到来，这个不理智的举动引起了公众的不满。

里得到了神的灵感，从宏伟的金字塔和众多宫殿中感受到了浮华的美，或许在此时，他才第一次那么强烈地想做一个天神下凡般的皇帝，而不是执政官。而如果恺撒当皇帝，女王就是一人之下，万人之上了，不仅埃及是她的，罗马也可以说是她的了。更重要的是，她怀着恺撒的孩子，他将是整个世界的主人，罗马、埃及、希腊……

当恺撒凯旋罗马的时候，他受到了空前的欢迎。公元前45年，他被宣布为终身独裁者，拥有"祖国之父"、"大祭祀长"等称号，集军、政、法大权于一身。共和已经名存实亡了。他把自己的情人，埃及艳后克娄巴特拉约请到罗马，住进自己的私人住宅，寻欢作乐，甚至要与她正式结婚。而他们的儿子小恺撒正在茁壮成长。女王的梦想就要成真了。

历史的发展却不会听从于一个人的意志。人们对恺撒的不满日益强烈，因为他破坏了共和国的原则。他与女王的事情也招致了人们的敌视。著名元老西赛罗告诉他的朋友："我恨这位女王，她气焰太甚，过于嚣张，那时她就住在我家对面台伯河彼岸恺撒公馆的花园里，我想起这些就不由得火冒三丈。"不满情绪的聚集，终于导致了恺撒的厄运。

公元前 45 年 3 月 15 日，以布鲁图斯和卡西约为首的共和派集团在元老院议事厅刺死了恺撒。克娄巴特拉没有来得及哀悼，一得知消息，就带着小恺撒离开了罗马，回到了埃及。事情变化如此之突然，所有的打算刹那之间化为乌有，埃及艳后何去何从？

　　恺撒遇刺后，罗马一时出现了权力真空，各种势力为了自身利益展开残酷的争斗，经过两年多的发展，罗马政坛形成了安东尼、屋大维、雷比达的"后三头"统治。安东尼是恺撒最亲密的朋友之一，他为恺撒复仇之后威望与日俱增，被认为是罗马帝国新的领袖，掌握着帝国东方的广阔疆域。为了争夺独裁者的位置，他同样需要用埃及人的财富，来击败敌人屋大维。故而，他命令埃及艳后尽快赶到土耳其海岸的塔斯来。这对女王来说显然是个机会，如果把安东尼变成另一个恺撒，她原先的目的照样可以达到。但是，如果女王为了目的而失去理智，那么她只能是安东尼的众多女人中的一个而已。克娄巴特拉又一次显示了她的才智和个性，她并没有立即回应安东尼的召唤，反而依自己的作风自选时间航向塔斯。她把乘坐的楼船装扮得金碧辉煌，自己则打扮得像女神

安东尼求爱
　　安东尼手捧鲜花会见艳后，双眼深情地看着手里的鲜花，克娄巴特拉在屋里倾听着，上身前探显得迫不及待。

维纳斯一样美丽。历史学家普路塔克在描述当时安东尼眼中的女王时写道："她的美，本来并非无可比拟，也不是令人一见钟情之属。然而若与她处在一起，她释放的魅力令人无法抗拒，娓娓动听的言谈和诱人的姿态，加上她的美色，简直如一把刺扎到了心窝，勾魂摄魄。"安东尼也没有悬念地成为女王的猎物，他立即拜倒在她的石榴裙下。当年冬天，安东尼便放下了三巨头的架子，以一介平民的身份来到了亚历山大里亚，成了克娄巴特拉的情夫。当然，爱情是相互的，她也坠入了爱河。安东尼具有和恺撒一样的英雄气概，但他更年轻，也更感性，作为一个女人，克娄巴特拉也爱上他亦属当然。正因为此，一代文学巨匠莎士比亚才写下了动人的《安东尼与克娄巴特拉》，来追寻他们之间的真情。

但是，这种真情不久就遭到了打击。一年之后，也就是公元前40年夏，安东尼回到了罗马，并出于政治的需要，娶屋大维的姐姐屋大维娅为妻。而此时，克娄巴特拉已经为他生下了一对双胞胎。安东尼结婚的消息打击的不仅是她的感情，而且还有她及其儿子统治庞大帝国的梦想。29岁的女王带着3个孩子，备感孤单。为了寻求慰藉，她甚至转向宗教，企盼用虔诚来换取神的保佑。神没有辜负她，机会在安东尼抛弃埃及艳后三年后再度出现了。

公元前36年，罗马三头统治已经变成了安东尼和屋大维的两强对峙，前者出兵帕提亚受挫，损失巨大。为了再次远征，并进而击败屋大维，他又一次来到了埃及寻求支持。对于女王来说，她的心态是复杂的。安东尼曾经是她的情人，她两个孩子的父亲，也曾同意支持小恺撒为恺撒的继承人，或许现在他们彼此之间仍然旧情未泯。但他也曾抛弃她，另娶屋大维娅为妻，这对于一个极有个性的女王来说，是难以释怀的。但是，她再一次回到

刻有安东尼和克娄巴特拉头像的硬币

安东尼身边，当然，这更多的是出于政治的考虑，她要为自己孩子的未来谈好了条件。如果安东尼想利用埃及的巨大资源，他必须交给女王及其子女大量土地，包括整个阿拉伯半岛、塞浦路斯、西奈半岛丰富的绿松石、亚美尼亚、腓尼基以及北非等。天平已向利益一边倾斜了。

　　但是，安东尼可以允许这种倾斜，罗马人却因此而群情激愤，埃及女王凭什么获得他们浴血奋战赢来的领土？而这为屋大维进攻东方提供了口实。公元前 31 年 9 月 2 日，双方在希腊外海的亚克辛木展开了激战，克娄巴特拉率领 60 艘埃及船和自己的旗舰协同安东尼作战，以确保胜利。但事与愿违，获胜的却是屋大维。女王调转旗舰，安东尼也抛下大军，和她一起回到了埃及。安东尼已经完全绝望，近乎崩溃，面对日益逼近的罗马大军终于自杀而亡。但埃及艳后却继续筹划。她下令把剩下的船拖行到 50 公里外的陆地，并计划带着孩子到安全的印度去，用她的财富建立一个新的帝国。但是灾难发生了：一直在其统治之下的古约旦佩特拉人，趁机攻击女王，烧毁了整个舰队，女王无处可走了。面对逼近的罗马大军和不为女色所迷的屋大维，她选择了自己了断，让一条毒蛇送自己上路，去另一个世界实现她的帝国之梦。她的儿子被屋大维处死，她的国家沦为罗马的一个行省。

　　埃及艳后的最终命运是可悲的，但又是值得佩服的。如果没有她以美貌周旋于恺撒和安东尼之间，或许埃及早已失去了独立，她虽然没有改变这个趋势，却大大延缓了它的进程。如果不以成败论英雄，我们几乎可以说女王是成功的，并且几乎完全成功了——如果恺撒不被刺杀、如果安东尼战胜了屋大维……结果虽然令人惋惜，但是克娄巴特拉已经努力了，并且达到了她能达到的最大成功。女王的成功离不开她的美貌，以至于 18 世纪法国著名哲学家帕斯卡在论及这一时期的历史时，曾经说过这么一句十分有名的话："假如克娄巴特拉的鼻子短一点，整个世界的历史都会被改变了。"但是平心而论，女王的传奇显然不是一个精致的鼻子可以决定的，美貌只是老天赐给的一件厚礼，如果没有过人的才智、坚韧的毅力和一颗勇敢的心，美貌仅仅是男人世界中的一件玩物而已；而一代艳后克娄巴特拉，也许会以一个家庭主妇甚至是怨妇的形象终此一生，完全消逝在历史的长河之中。

2. 守得云开见月明
——德川家康的成功之道

在日本的历史上，持续了 264 年之久的江户时代是封建时代最安定的时期。同时也是经济和文化最繁荣的时期。而开创江户幕府，构筑这个繁荣时期基础的中心人物就是大名鼎鼎的德川家康。作为政治人物的德川家康，从一个小小的人质成为一个时代的开拓者，一生充满了危难和挑战。但是他身处乱世，却始终毫不气馁，终成大器。他的信念、谋略、果敢都为后人所折服，但是最让人称道的，还是他的忍耐力。

德川的根据地位于东海道上，地处矢作川及乙川两河交流处，是控制谷仓西三河平原的交通要地；同时也是今川军西进和织田军东进时必先取得的战略要地，这自然成为周边强国争夺目标。今川义元抢得先机，征服了这个中立小国，带走年仅 3 岁的幼主，也就是德川家康。留居国内的三河武士集团虽然在鸟居忠吉等一干老臣的领导下力图维持国力，但在今川义元派来的代理城主的压制下，德川不过是其奴役下呻吟的殖民地而已。1558 年今川与织田两国开战，今川义元准许家康返回故城，率领三河武士参战，其实是想让他们充当今川军的炮灰而已。

家康对于自己的处境知之甚深，他知道目前所能做的只能是忍辱负重，无条件地承认自己实力的弱小，在政治上保持低姿态。他所能做的首先就是获取今川义元的信任，借机会求得生存。事情果不出他所料，今川义元让他回到冈崎，统率三河军团；而家康本身也借此为三河军团做魔鬼训练，锻炼德川军的兵力，德川的地位因这几场战役中非凡的表现而渐渐受到肯定。当然，家康有自己的打算，他苦思多时，终于得到一个悲壮的结论："在这动荡不安的时代，如果采取消极政策，对国家反而有害，没有战意而战，的确会衰竭官兵士气，届时官兵离散，国亦消灭，因此宁可断然采取积极策略，团结众心向前奋进，纵然会失掉半个三河军团，也能靠剩下的一半继续发展国势，德川应该采取攻势！"

德川家康的国家战略，一言以蔽之，就是"附强"——强是现在的强，而非过去或未来的强，即使是现在强但可以预见其将来弱的对手，他仍尊重。但纵使能预见未来将强而现今弱的，德川在此时绝不居其下。这就是家康所想的夹在强国间的弱小国的生存之道。正因为如此，德川家康选择依靠的对象也会随着形势的发展而变化。桶狭间之战今川兵败，德川家康乘机收复旧有领地。翌年 2 月，织田信长通过刈谷城主水野信元的居中协调，与家康谈和，家康力排部分家臣的反对，接受和谈，于 1564 年正月赴清洲城会见织田信长。不过，家康这时并未与今川断交，他一面进行与织田信长的同盟工作，一面进行取得今川氏真谅解的行动。他派人到静冈向今川氏真的宠臣三浦右卫门佐辩称，和织田谈和不过是暂时避开强敌锐锋的权宜之计罢了。家康之所以这么做，是因为他的妻子筑山御前、长子信康、长女龟姬及其他重臣家属都还留在骏府当人质。今川氏真虽然愤怒，但他自己也没有率兵救援家康的意愿和实力，既然家康自己表明是遭信长攻打，不得已才与织田谈和，也就不再怪他。德川家康迅即以三河为基地，筑起中坚国家德川，通过与新锐强国织田结盟，压制昔日大国今川，逐渐达到强国的地位。不久，德川家康就攻下了蒲郡上乡城，生擒今川义元的堂兄的儿子氏长和氏次，由石川数正出面与今川谈判换回了被拘在骏府的一干人质。为了寻求新的联盟，德川家康把目光转向了织田。

1562 年，德川家康和织田信长在信长的居城清洲会见，并签订了同盟协定，史称"清洲会盟"。从此德川家康担当起对织田家侧翼的保卫任务，同时家康也开始经营领地，于 1569 年消灭了今川家。当织田信长陷入室町幕府最后一个将军足利义昭（1537～1597 年）联合其他的大名所建立的包围网时，全日本几乎所有的大名都和织田家为敌，只有德川家康依然站在自己的好友信长一方，并和织田家联合大破反信长的朝仓、浅井两家。1572 年，信浓国（今日本山梨县）的大名，人称"甲斐之虎"的武田信玄（1521～1573 年）进京上禄，德川家康在三方原被武田家的骑兵打得大败，织田家的侧面面临着严重威胁。

所幸武田信玄不久就病死了，信长包围网开始崩溃，德川和织田度过了最危险的时光。1575 年，德川家康配合织田信长在三河的长篠用步枪大破由武田信玄之子武田胜赖（1546～1582年）率领的号称"除越后军外无人能敌"的甲斐精锐骑兵。武田家从此一蹶不振。

然而，在各自利益基础上结成的同盟终究不会断绝摩擦，在同盟共同的敌人消失后，盟友内部的矛盾就会显露出来。两家结盟，纵横天下的却是信长，家康只能窝在三河，他虽不平衡却做到了隐忍不发。现在，信长又居然为了一点流言要处死家康最优秀的儿子，他能忍受吗？然而家康却以超乎常人的"宽容"吞下了这口气，派人杀了信康。或许家康的杀子之痛感动了上苍，上苍用一种和平的方式给了德川家康一个机会。1582年，织田信长由于家臣明智光秀（1528～1582年）的叛乱而葬身京都本能寺。德川家康隐隐约约看到了称霸日本的一线曙光。家康把握时机占据了骏河、远江、甲斐、三河、信浓五国。但是机会也不只是赐给德川家康一人的，信长之死，最大的赢家并不是家康，而是人称"猴子"的羽柴秀吉，独立的织田家的重臣羽柴秀吉，即后来的丰臣秀吉，更好地把握住时机，首先平息了明智光秀的叛乱，随后击败了过去同为织田家重臣的柴田胜家，德川家康见此时称霸无望，继续隐忍于丰臣秀吉。接受了秀吉的结盟请求，在其间，不论秀吉提出如何苛刻的条件，家康都没有反抗。即使在小田原之战后秀吉换去他的领地，他都没有异议。家康是个聪明人，知道何时该做什么事。

日本屏风画

这是一幅屏风画，画中描绘织田信长和德川家康的火枪手迎击挥剑冲锋的武士。画面记录了长篠之战的过程。从中可以看出火枪的威力远胜于武士，它改变了日本的军事装备和战术。

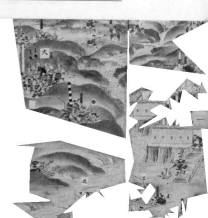

　　德川家康的隐忍又一次获得了恩赐。没有消耗一兵一卒，他就等到了政敌死亡的消息。1598 年，丰臣秀吉由于两次入侵朝鲜不成忧愤交加而死，丰臣家的矛盾都浮出水面。德川家康夺得天下的时刻终于到来了，随着他最忌惮的丰臣家的重臣前田利家的死去，德川家康开始争夺天下。他利用丰臣家家臣中文治派和武断派的矛盾，挑动文治派的石田三成率先起兵发难，德川家康于是有了借口出兵，德川家康率领的东军和石田三成率领的西军在关原（今日本滋贺县和岐阜县的交界处）进行决战，最终西军战败，德川家康获得胜利。史称"关原合战"。关原合战后，在德川家康的操纵下西军的大部分将领的领地被减封，德川家康确立了

关原合战

　　刀枪剑戟之中，德川家康的一位头顶兽角的将领与大阪城堡的守卫者搏斗。堡垒中，丰臣秀吉之子丰臣秀赖坚守很长时间，最后，丰臣秀赖自杀，而他的妻子和孩子则被处死。

自己的霸主身份。丰臣家族从此一蹶不振。数十年的忍功，家康终于修成正果。1603 年，德川家康被朝廷任命为征夷大将军、右大臣、源氏的长者（即源氏的族长、家主）。同年，他在自己的居城江户（今东京）开设幕府，史称"德川幕府"。1605 年，把将军之职让给了儿子秀忠，退居骏府城，但作为大御所仍然掌握着军政实权。1615 年 5 月大坂（今大阪）之役，灭掉丰臣秀赖，实现了所谓的"元和偃武"。1616 年 3 月，出任太政大臣。4 月 17 日死于骏府城，终年 76 岁，葬于久能山。

　　回顾家康一生，可谓荆棘满路。家康硬仗打的并不多，气却受得不少。从未有人像德川一样经历过那么多苦难与屈辱，可是他还是忍过来了。难怪时人都以"战国最大的忍者"来称呼他，而事实也是如此。今川、织田与丰臣像三座山挡在家康前面，他一直等到他们倒下为止。因

为他深知，忍的目的不是受辱，而是在艰难之时保存自己，等待时机。正是凭借这种"忍人之所不能忍"的功夫，德川家康才能"成人之所不能成"。守得云开见月明，或许是对德川家康一生最好的写照。

3. 谁说弱国无外交
——维也纳会议上的塔列朗

在博弈活动中，参与者如果能掌握充足的力量，一般能获得令其满意的利益。但是对于力量弱小的一方来说，往往只能听任强者的摆布。这在国际关系中便是著名的"弱国无外交"。其实，这句话并不尽然，弱势的一方如果在外交上走出好棋，同样能决定自己的命运，至少会减少自己的损失。从这个意义上讲，弱国比强国更需要外交！因为强国外交借助国家实力，多少都有以强凌弱的态势，外交的姿态也就来得粗犷。而弱国只有依靠外交的成功，才可能维护自己的生存与尊严。但是，这要求弱国的外交家必须具有深邃的洞察力和高明的斡旋能力，以在强国的利益中分得一勺羹。法国著名的外交家塔列朗在维也纳会议上，就上演了一出虎口夺食的好戏。

塔列朗全名夏尔·莫里斯·塔列朗，是法国大革命时期重要的历史人物，多次出任法国外交大臣等要职，近代法国历史中每一次变动几乎都与他的参与休戚相关。1814 年 4 月 6 日，法国政坛发生了一次重大的变动，一代枭雄拿破仑战败退位，欧洲国际关系出现了新格局。战胜一方正筹划着一场分赃会议，而法国就是赃物之一。1814 年 5 月签署的《巴黎和约》秘密条款规定："代对于笃信大主教的国王陛下依公开条约第三款放弃的领土的处置以及应导致在欧洲建立真正的持久的均势制度的相互关系等事宜，均应根据盟国之间经协商形成的基础……在会上予以规定。"这一条款目的是把法国降为二等国，使其失去以大国身份参与欧洲政治的权利。由此可见，法国所面临的形势极其不利。但并非毫无生机。因为塔列朗料定，反法同盟中的几个国家在分割战利品时必然会产生分歧。

　　1814 年 9 月 24 日午夜过后，塔列朗乘车来到维也纳，随身带着的，是法王路易十八的指令（其实由塔列朗本人制定）：

1. 不给奥地利任何得到撒丁王国属下各国领土的可能；
2. 那不勒斯归还给费迪南四世；
3. 整个波兰不得划入俄国版图；
4. 普鲁士不得获取萨克森（至少不得取得萨克森全部领土），也不得获取美因茨。

　　很难想象这竟是一个战败国想要强加给战胜国的方案，更无法设想会有哪个战胜国能接受这样的方案。俄国自恃拥有强大的军队和在战胜拿破仑中的决定作用，力图建立俄国在欧洲的霸权，阻止列强建立反俄联盟。它竭力保持普奥之间的竞争和德意志的政治分裂，以确保俄国对中欧的控制。同时，俄国不想过分削弱法国，欲将之作为抗衡普奥的力量。另外它还企图夺取整个华沙大公国，作为俄国西进的基地。英国政策主要是削弱法国，保持战时所占法国、荷兰的殖民地，以巩固英国的海上殖民地和商业霸权。英国还主张加强普、奥与法、俄的抗衡，确立欧洲的均势，使英国处于居中操纵的优势地位。奥地利的主要目的是恢复奥国对意大利的统治，保持在德意志的统治地位。同时，要坚决防止俄国的威胁，尤其是防止普鲁士强大起来。普鲁士显露强烈的扩张愿望。它要求严惩法国，夺取萨克森王国和莱茵地区的法国领土，提高普鲁士在德意志的地位，准备同奥国争夺领导权。这样，英国建立均势的企图与沙俄称霸欧陆的野心构成了矛盾。双方都在寻找

1813 年 8 月，普鲁士军队大胜拿破仑军队，法国战败

新的支持者以实现自己的战略目标。而这就给了塔列朗以可乘之机。因为战胜共同的敌人之后，列强间的友好关系一去不复返了，欧洲格局必将出现新的组合。如果能够充分利用它们之间的矛盾，便可以虎口夺食，为法国赢得利益。

法国是战败国，因此对塔列朗来说，首要任务是让战败的法国承担最少的战争责任，进而保全法兰西国家的领土完整，民族统一。其实塔列朗早在选择由谁来继承王位时就已经开始为此任务做出努力，面对"开历史倒车"的唾骂，塔列朗毅然坚持波旁王朝复辟，因为他知道只有抬出拿破仑的敌人，才能获得反法同盟的宽容。进而，他提出正统主义原则。这一原则声称：路易十八是法兰西的正统君主，在统治权上要划清篡位征服和合法正统君主的界限，强调必须尊重各国正统君主，遵守欧洲公法。这样塔列朗就用"正统"的方法将"篡位者"拿破仑与战后的法兰西区分了开来。既如此，当时已在正统波旁王朝统治下的法国，就有理由恢复1790年前的领土状态和国际地位。就这样，塔列朗在1815年的维也纳会议上纵横捭阖，不仅恢复了法国与四强国（英、俄、奥、普）平起平坐的地位，而且成功地遏制了俄国和普鲁士对波兰和萨克森的领土扩张要求，并且同英奥缔结了反对俄普的密约（1815年1月13日），最后签订了不割地、不赔款的和平协议，法国的领土以1792年波旁王朝被推翻前为准。这不能不说是外交史上的一个奇迹。对此塔列朗也不无自豪地宣称："当我想起1814年签订条约的那些日子……国王进巴黎六个星期后，法国的国土有了保障，外国军队撤离了法国，从国外重镇归来的部队以及战俘使法国拥有一支强大的军队；而且保住了我军从欧洲几乎所有博物馆获得的珍贵艺术品。"

其实正统主义为法国赢得的还不止这些，通过主体主义，法国以小国利益保护人的身份出现在维也纳会议上，在相当程度上取得发言权并借以给四国代表施加压力。通过采取拉拢中小国家的传统外交策略，他开始扭转列强垄断局面。塔列朗公开发表致英、俄、普、奥、西五国外长的照会反对四国，9月22日的照会声称：大国仅是大会的一个组成部分，几个签字国意欲组成委员会并不能代表与会的全体成员。几天后，几十个德意志小邦一致要求参与会议的主要议题之一——建立德意志邦

联的讨论。列强应允并建立了德意志和瑞士问题的专门委员会，在这两
个委员会内，法国都是主要会员。

　　另外还有两个大任务，即波兰和萨克森问题。塔列朗反对普鲁士吞
并萨克森，反对俄国并吞波兰。他认为普鲁士一旦吞并萨克森。就会使
普在易北河流域的土地连成一片，将对法国构成严重威胁。他主张"为
普鲁士的野心戴上笼头"的最有效的办法是"保存一切小国，扩张中等
国家的领土"。而基于同样的顾虑，在萨克森问题上塔列朗认为："将整
个波兰交给俄国而重建波兰，使俄国在欧洲的人口增加40万，其边界
一直扩张到奥得河边，这会使欧洲面临危险，这个危险如此之大，如此

维也纳体系的操纵者俄皇亚历山大一世、奥皇法兰西斯一世、普鲁士国王腓特烈三世（左起）

迫在眉睫，以至于……也毫不犹豫地拿起武器阻止它。"这是一卓见。
但是对于军事上无力可恃，政治上势单力薄的法国应该如何实现呢？
这时塔列朗想到了正统主义和公法原则这一撒手锏。他努力促成列强
将"公法"二字纳入正式通过的国际文件条款之中，就等于使普、俄两
国的吞并与侵略陷入非道义的不利地位。接下来，对付俄国就争取了主

动，塔列朗抓住亚历山大一世好大喜功的毛病，劝诱他放弃对波兰的领土要求，但没有奏效。塔列朗转而抓住沙皇的心理弱点，表明法国的强硬立场："（法国）国王并未忘记沙皇陛下的帮助，永远为此感激沙皇，但作为一个大国国君，作为欧洲最强大最古老的王国之一的元首，他有自己的义务，他决不会抛弃萨克森王室！"沙皇感到实现野心将遇到障碍，这为日后沙皇让步准备了某些条件。

但是仅仅是依靠舆论压力威慑俄普只能暂时缓解一下危急的形势，还不能使法国在国际事务中占据优势。如果能与其他国家结成同盟，一切问题就会迎刃而解。当然，要建立新的同盟，首先要分化瓦解原有的同盟格局。从前述列强间的矛盾来看，做到这一点对塔列朗来说并不难。一流政治家的嗅觉，使他敏锐地看到英俄分歧：英国希望建立一个完全独立的、较强大的波兰，作为抑制沙俄野心的屏障。但实际上沙皇不可能将已占波兰领土拱手相让。因此，英国不得不承认沙皇领有部分波兰权利。同时坚持其均势政策，坚决反对俄国吞并整个波兰。英国并不反对普鲁士对萨克森的兼并。塔列朗也估计到奥地利的态度。奥地利根本不同意将萨克森划给普鲁士，"奥地利已经感到俄国计划的全部后果"，只是日渐衰弱的奥地利不敢出头，它想让英国出面。

形势的发展使俄国对于英国的压力已经超过英国对法国所存的疑惧。塔列朗开始联合英国。但英法接近并非一帆风顺，毕竟两个世纪以来殖民地之争、欧陆战争和大陆封锁政策都使英国念念不忘制服法国。正因如此，才出现维也纳会议之初四强一致做出将法国排斥在决策圈之外的安排。但现在形势不同了，基于相互之间的利益需求，英法终于走在了一起，当然这一成就的取得同样离不开塔列朗的外交活动。会议内外，塔列朗以表白中庸、温和政策和正统主义立场迎合英国保守掌权者心理。塔列朗又尽力在重大问题上与英国保持一致。列强矛盾的明朗化使英国倾向法国的态度日益鲜明。12 月 17 日，卡斯尔累函告惠灵顿："已相信法国国王是大国之中我们唯一可依赖的君主"。英法求同存异，达成共识。俄、普对于波－萨问题的态度依旧强硬，四大国之间关系明显恶化。10 月 30 日，亚历山大一世与梅特涅发生严重冲突。至此，英奥两国同步行动。并开始共同向塔列朗传递消息：英奥已约定绝不允许俄国跨过维斯杜拉河一步。法国地位开始发生变化，人们在重大问题上不能忽视法国的态度。此时，有消息传来，说普国军队已接管萨克森，沙皇之弟康斯坦丁大公便匆匆前往华沙组织军队。12 月 8 日，沙皇与奥皇发生了正面冲突。英国开始考虑与法国协调行动。在奥地利与普鲁士在萨克森问题上的矛盾激化后，塔列朗立即表示坚决支持英奥。在此问题上，三国首次达成一致，随后经塔列朗建议奥、英、法三国于 1815 年 1 月 3 日订立了《反对俄普秘密攻守同盟条约》，条约规定，如果缔约国三方有一方受到俄普攻击时，三国必须互相支援。实际上是承认了法国的平等身份，并且拥有了英奥军事后盾，法国可以确保第一次《巴黎和约》有利于法国的条款实施。通过条约给俄普两国造成的压力，法国终于结束了波－萨问题的谈判。至此，法国成为维也纳会议第五个核心国，维也纳会议由四强会议变成了五强会议。

维也纳会议建立了了新的均势格局：俄普奥在欧洲扩大了领土，英国在殖民地扩大了势力范围，法国根据第二次《巴黎和约》仍保留了 1790 年的边界。与法国接壤的普鲁士未能构成对法国的巨大威胁；依然四分五裂的中欧成为均势结构中的缓冲区。这种国际态势基本符合塔列朗的设想。塔列朗在维也纳的外交活动，树立了战败国在强手如林的情势中以外交实力取胜的典范，改写了国际关系中的力量定律。他用行动告诉

和会代表

　　这是一幅反映 1814 年维也纳和会的讽刺画，表现了参加和会的各国代表的丑恶嘴脸。

了世人，军事力量并非唯一的实力，在某些特定的环境下，外交的作用甚至要超过军事实力。

4. 非暴力不合作——甘地与英国人

　　1930年5月21日，2500多人聚集在印度的达拉萨那盐场上，其中有面带怒色的男人，也有一脸悲伤的妇女；有蹒跚而行的老人，也有依偎在母亲怀抱中的孩子；有老于世故的市民，也有身份低贱的村民。他们目光忧郁却充满坚毅。有的妇女则不断地念念有语，好像在祈祷着什么。突然，一大队警察向队伍冲来，他们抡起警棍向群众猛击，顿时发出了一阵令人毛骨悚然的头盖骨的破裂声，被打的人像骨牌一样成片倒

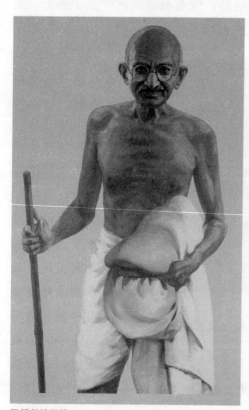

下。但奇怪的是，聚集在一起的人们既没有反抗，也没有逃离，甚至不去搀扶身边倒下的同伴。他们镇定自若，从容倒下。这令人诧异的场景，就是近代印度人民用非暴力方式对抗英国殖民者的一幕。这场运动的领导人，就是被尊为"圣雄"的莫汉达斯·卡拉姆昌德·甘地。

　　甘地是印度民族独立运动的代表人物。1869年10月2日，他出生在一个虔诚信奉仁爱、不杀生、素食、苦行的印度教的家庭。19岁时，他远涉重洋，赴伦敦求学接受英国法制思想的教育，在观察和学习西方文明的过程中，形成了自

圣雄甘地画像

己独特的宗教观、人生观和社会政治观。1891年，甘地取得伦敦大学的律师资格后回国，翌年在孟买高级法院任律师，1893年应印度富商之聘，赴南非任一家商行的法律顾问。在受理一件诉讼案时，甘地受到种族歧视，旋即投身于反对南非当局种族歧视的斗争，争取印度侨民的平等权利，并首

印度"贱民"（阶级最低的印度人）一家

创"非暴力主义"。1915年，甘地返回印度，致力于本国的民族解放运动。甘地的一生历经沧桑，饱经坎坷。在民族解放运动中彰显了伟大人格。他具有赤诚的爱国热诚，崇高的牺牲精神，追求真理的执着信念；他待人谦恭、诚实、光明磊落，不分贵贱善恶一视同仁，没有种族歧视和宗教偏见；他关心下层人民疾苦，善于体察民情并始终与人民群众打成一片；他生活清苦，安贫乐道；他尊重女性，提倡人的精神完善和社会和谐；他的道德修养堪称楷模。然而，为什么像甘地这样爱护和关心被迫害者的人，竟然要采用这样一种温和的方式来反抗殖民者呢？为什么像甘地这样坚决反对暴力的人，竟然能够容忍如此血腥的暴力呢？让我们回到20世纪的印度。

20世纪初的印度，处在英国的殖民统治之下，但是在经济结构、政治组织、社会意识等方面，资本主义因素已经占有重要地位。资产阶级、小资产阶级不再满足于英国的殖民统治，要求自治或独立。在下层小生产者中，流行的一种革命民主主义思潮，也发出了对英国统治的抗议。他们基于抗英的共同要求走到一起，组成了民族解放运动的主体，

开展了民族主义运动，时而也发展为武装斗争。但是由于印度长期处于英国殖民统治下，不可能拥有强有力的武装力量。另一方面，由封建割据、民族、种族、宗教等因素造成的四分五裂的局面使武装起义很难一呼百应。而他们斗争的对象却完全是另一个样子。作为工业革命的发源地英国，首先进入了资本主义，凭借强大的经济后盾，大肆扩张，并终于成为占有世界上最广大殖民地的"日不落帝国"。因此，印度历次武装起义都被英国殖民当局轻而易举地镇压下去。屡次失败的教训使运动的领导者——资产阶级和小资产阶级开始认识到：在印度人民没有武装，没有组织起来时，武装起义不仅是不适宜的，而且也是不可能的。在此情况之下，只能采取合法的形式。而且从实践看来，素有议会民主传统的英国，对于温和的运动形式尚能网开一面。作为一个接触过西方文明又受过系统法律教育的甘地，很快就抓住了这一特点，他知道英国殖民者是不怕（甚至欢迎）弱者动武的，要对付这个海盗加绅士的"约翰牛"，最好不撕破脸面，让他戴起礼帽谈判。所以，在英帝国的法律范围内去破坏英帝国的法律。这个"高招"就是"非暴力不合作运动"。

"非暴力"（Non-Violence）来源于古代梵文"阿希姆萨"（Ahim-sa）一词。在古代印度教和佛教的经典中，"阿希姆萨"作为一种宗教戒律或道德准则，通常具有两层含义：一是戒杀，即不杀生；二是不做伤害他人感情的事情。甘地在此基础上提出了"非暴力"原则。这一原则，从消极的方面讲，是指不去做什么，即上述的"不杀生"或"不伤害感情"等；从积极的方面讲，则是要求人们主动地、自觉地去爱，去爱一切人。甘地提倡的主要是后者，他的出发点是爱，爱一切人，相信一切人都有内在的人性，坚持以爱制恶，以德报怨，以自苦感化别人，以精神力量反对物质力量，这就是他的非暴力学说的要旨。他相信"这种力量既可以被个人所用，也可以被团体所用。它既可以用于政治事务，也可以用于家庭事务。它的普遍应用性就说明它是永恒的和战无不胜的。男人、妇女和儿童都可以运用它。这种力量对于一切暴力、专制、非正义来说，就像是光明对待黑暗一样"。

以非暴力的信仰为指导，他提出了非暴力斗争的道路。他认为英国人所以能统治印度，是印度人自己把印度送给了他们。正因为如此，他说，印度要获得政治自主，首先要实现精神完善、精神自主，而不是强行摆脱英国统治实现自治。因此，他一开始还存在着幻想，希望通过与殖民者的合作来实现印度自治。为此，他在南非布尔战争时期自动组织救护队支援英国殖民者，第一次世界大战期间又主动为英国征兵。但是英国政府是怎么回报的呢？战争期间，英国把150万印度人征入军队，从印度运走五百多万吨物资。现在，战争结束了，他们不但没有给予印度自治，反而通过了进一步镇压印度人民的《罗拉特法案》，这不啻给甘地当头一棒，而且所谓的"印度封建主义不折不扣的辩护士"、"帝国主义的帮凶"、"群众性民族解放运动的主要叛卖者"等等非议纷至沓来。通过反省，他意识到过去的要求，只"不过是旷野中呼声"。于是在1919年举行的讨论基拉法问题的印穆联席会议上，他第一次使用"不合作"这个词。他说："在我们遭受背弃的时候，我们有权利不和政府（英国）合作。"然而甘地还是不希望这种背弃的到来。在一个月之后召开的国大党阿姆利则会议上，英国殖民者顽固拒绝印度穆斯林对基拉法问题的要求，并制造了旁遮普邦阿姆利则大惨案，促使甘地思想发生了根本转变。自此甘地抗英走向了"无条件不合作"的道路。以非暴力不合作运动为主体的甘地主义正式形成了。

　　1920年8月1日，为了抗议英国等战胜国强加给土耳其的《色佛尔条约》，甘地第一次发动了非暴力不合作运动。"不合作"的纲领包括：受封者退回爵位封号、抵制立法机构选举、抵制在政府机关和法院工作，拒绝在英国学校读书；提倡手工纺织运动以抵制英国商品泛滥。在运动后期，提出拒绝纳税的要求。12月，在国大党年会上通过了以自治领为目标的不合作纲领，"如果可能，在不列颠帝国范围内达到自治，如不可能，则脱离不列颠帝国而自治"。国大党关于不合作运动的决议，受到了印度人民的热烈响应。孟买等地工人举行了抵制性罢工。青年学生穿戴起流行的土布白帽白衣，宣传反帝自治思想。由青年组成的国民义勇军团达15万人。抵制英货热潮席卷全国。许多政府机关关门。手工纺织运动遍及城乡。这一年共发生了四百多次罢工，激怒了英印政府。他们开始大肆逮捕罢工者。广大爱国群众响应甘地号召，纷纷自动入狱，致使狱中人满为患。但是，1922年2月2日，印度联合省

甘地领导印度人民开展"不合作运动"

乔里乔拉农民举行示威游行，警察开枪射击，激怒了群众。5日，他们奋起抵抗，火烧警察局，22名警察被烧死。这一事件震动了甘地，他认为运动已超出了非暴力的范围，决定从12日起绝食5天，并停止非暴力运动。3月，甘地被捕，并判6年徒刑。在这一次运动中，甘地大力提倡农民开展手纺运动，抵制英货，结果使英国纺织品的进口下降了28%，而印度自产的纺织品却猛增27%。这不仅打击了英国殖民者的嚣张气焰，而且大大地提高了贫苦农民和手工业者的生活水平和民族自信心。

1929年，世界性的经济大危机爆发。在经济危机期间，印度农产品的价格下降了一半以上。黄麻作为主要出口的农产品，因滞销而大量压在仓库，种植面积随之而缩减了30%～40%。从1931年9月1日到1934年8月11日，英国从印度运走了价值20亿4450万卢比的黄金。而印度农民的收入却比以前减少了一半，债务增加了2～3倍。1929至1933年城乡失业者和半失业者达4000万人。1933年1月底，印度人经营的工矿企业共有353个，其中就有243家倒闭。印度人民决定再一次与英国展开进一步的政治较量。1929年12月，在国大党的拉合尔年会上，通过了采取行动、争取完全独立的决议，授权甘地在适当时候发动非暴力抵抗运动。甘地决定迅速发动一次新的、用"文明的非暴力"形式实现的、不服从政府法律的运动。他选定以反对食盐专卖法作为这次抗争的突破口。1930年3月12日，61岁的甘地率领78名非暴力反抗者开始了著名的"食盐进军"。他们从阿默达巴德步行24天，行程241英里，到达丹地海滨，自取海水制盐，以示破坏食盐专卖法，激发了规模宏大的不服从运动。英印政府又一次进行了镇压。4月，尼赫鲁被捕。5月，甘地被捕。21日，两千多名志愿者在达拉萨那盐场受到残酷镇压，这就是文章开头的那一幕。1931年3月初，甘地同印度总督欧文谈判后，签订了《德里协定》，宣布停止文明不服从运动。英国方面也不得已做出了让步，废除一切戒严令，释放政治犯，实行保护关税。但是，甘地虽然不再号召群众斗争，却着力于以个人行动来实现社会建设纲领，并把解救"贱民"工作放在首位。1932年9月，甘地在狱中宣布，他用绝食至死的方式反对英国首相麦克唐纳的"贱民"分区选举决定。这一行动推进了不服从运动在全国范围的迅速展开。1934年4月，甘地决定停止个人的文明不服从运动。但他声明，推广手工纺织运动和民族教育，宣传节制生育、戒烟戒酒运动还要坚持下去。受此次运动的影响，1937年2月，国大党在印度11省的7个省的选举中获得胜利。在此以前，国大党同印度共产党人合作，在1929～1933年的"米勒特案件"中，终于迫使英印当局释放了革命者。

为了领导印度人民获得真正的独立，1942～1944年，甘地领导了非暴力抵抗最后一幕——"退出印度运动"。1942年4月，甘地提出了英国"退出印度"的口号。8月8日，国大党再次通过了不合作决议，要求英国交出政权。

食盐进军
　　1930年3月甘地率78名信徒开始"食盐进军"，揭开了第二次"非暴力不合作运动"的序幕。

第二天，甘地和国大党执委会全体成员再次被捕，从 1944 年初到 1945 年初他们才陆续获释。甘地等人被捕后，印度发生了全国规模的大骚动，遭到了英国当局的镇压。甘地在狱中几次绝食，以示抗议。1945 年，面对印度人民声势浩大的独立斗争，新上台的工党政府终于结束在印度立宪的难局。1947 年 7 月 18 日，英国议会正式通过《印度独立法案》，宣布自 1947 年 8 月 15 日起在印度境内成立两个独立的自治领域：印度和巴基斯坦。1947 年 8 月 15 日印度宣告独立，尼赫鲁任总理。印度权力终于实现了和平移交。在国大党发表的《告全民书》中，对甘地在其中所起的作用，给予了极大的赞赏，称他为印度的"国父"。

武力抗争是一种斗争方式，以柔克刚同样是一种斗争方式。在这两种斗争方式中，甘地以印度实际为基础，选择了以非暴力作为宗教信仰和不可更改的原则，发动了大规模的民族解放运动。在运动中他不断明确印度自治的目标，使这个目标和人民运动联系起来，有力促进了印度民族的觉醒，加强了人民和国大党的团结，组成了反对英国殖民统治的强大合力，终于取得了印度民族解放运动的胜利。

度德而处之，量力而行之。

——《左传·隐公十一年》

第八章 理性是有限的

　　说起博弈论，普林斯顿大学教授约翰·纳什是最不应该被遗忘的人。这位数学天才在21岁时就提出了纳什均衡理论，这一理论后来成为博弈论的两大理论基础之一。他在博弈理论方面的巨大发现甚至改变了我们的日常生活。但令人同情的是，他自己的日常生活却是一塌糊涂。30岁后，纳什不幸患上了精神分裂症，从学术界消失了。他把"纳什均衡"带给了世界，但世界却把痛苦给了他，对纳什来讲，这实在算不上一个均衡的博弈。值得庆幸的是，上天给了他一个具有美丽心灵的妻子，在后者的精心照料下，纳什30年后又逐渐恢复了健康，并于1994年获得了诺贝尔经济学奖。可见，人生的博弈是多么的复杂。

1. 失去理智往何处去
——一代暴君尼禄

公元 64 年夏天，宏伟壮观的罗马城燃起了一场大火，大火持续了 9 天，全城 14 区中保存下来的只有 4 个，3 个区化为焦土，其他各区只剩了废墟。无数的生命丧失，侥幸存活下来的人也已一无所有。然而，他们的皇帝却从玛塞纳斯塔楼观看大火冲天的奇观，火焰的绚丽景象使他心花怒放，顿时产生了灵感，于是他穿上自己的舞台服装，高唱"特洛伊的陷落"的诗篇。这个丧心病狂的纵火犯就是罗马帝国克劳狄乌斯王朝最后一个皇帝，罗马史上出名的暴君——尼禄。

公元 37 年，尼禄出生在罗马附近一个繁荣的城市安齐奥。当时父亲格涅乌斯·多米提乌斯·阿盖诺巴尔布斯曾预言：除了人类的憎恶和痛苦之外，从他（多米提乌斯）自己身上和阿格里皮娜（尼禄的母亲）身上不会降生任何东西。尼禄出生后的第 3 年这个预言就应验了，代价却是他的生命。多米提乌斯死去后全部财产被共享继承权的盖乌斯夺走。尼禄一无所有，他的母亲阿格里皮娜被流放。阿格里皮娜是个阴险多谋、贪财好势的女人。但正是她给了尼禄一切。她流放归来便一步一步策划着夺权计划。毒死了第二个丈夫之后，嫁给了她的舅父——罗马皇帝克劳狄乌斯，成为帝后。之后她又迫使克劳狄乌斯取消了他亲生之子布里塔尼库斯的继承权，将尼禄收养为子，并将克劳狄乌斯与前妻麦萨林娜所生之女奥克塔维

尼禄头像

娅嫁给尼禄。公元 54 年，她又毒死克劳狄乌斯，掌握了军事权力，迫使早已无多大实权的元老院把权力交给她的儿子。就这样，尼禄于 54 年被抬上了皇帝的宝座，成为罗马政治舞台的中心人物。

面对从天而降的至尊的权势，尼禄没有忘记回报给予他这一切的亲人。他为克劳狄乌斯举办了极其盛大的葬礼；沉痛地追悼了先父多米提乌斯；把一切国事和私事的管理委托给自己的母亲。对待元老院他也无比仁慈，他赐给元老院更多的独立性，给破落的知名元老规定了年薪，给近卫军大队每月发放免费粮食，在由他首次举办的五年体育赛会上，他还向元老和骑士等级的成员供应擦身油。作为帝国皇帝，他从未想过用暴力的方式扩大帝国的版图，只是羞于损害父亲的荣誉，才只把波列蒙放弃的本都王国和科提乌斯死后的阿尔卑斯王国变为行省。对待平民他不失慷慨，不仅为他们减轻赋税，还向他们天天抛掷各种赠品：每天一千只不同种类的鸟、各种食品、粮品、衣服、金子、银子、宝石、珍珠、绘画、奴隶、役畜，甚至驯服的野兽，最后还有船只、住房和农田。在剧场举办的角斗比赛中，他不让任何角斗士被杀死，他允许奴隶们控诉不公正的主人，他甚至不忍心在判处死刑的罪犯名单上签字。他宽恕写诗讽刺他的作者，甚至宽恕阴谋反对他的人。

如果尼禄一直照此统治下去，可以说他还能算得上一个仁慈的皇帝。然而，随着年龄的增长，从母亲那里遗传来的残暴、狠毒的基因逐渐起了作用。在对权力的垂涎上，他比母亲有过之而无不及了。他不再满足于由母亲执掌政权的局面，但是一向视权力为生命的阿格里皮娜是不肯妥协的，母子之间的矛盾最终诉诸血与剑的生死搏斗。他三次投毒都没有成功，随即为母亲设计了一艘容易散架的大船，又在无计可施之下，终于以收买刺客谋害皇帝之罪名处死了她。

扫除了政敌，实现独揽大权的梦想之后，尼禄选择一条什么样的道路来大展宏图呢？整个罗马帝国的子民们都翘首以待。然而尼禄的选择却出乎了所有人的意料。大权独揽之后，他却再也不是那个"爱民如子"的年轻皇帝了，他变得蛮横、好色、奢侈、贪婪和残忍，以至于所有的人都相信那是他的天性所致，并非年龄关系。已经失去理智的他（或许他本来就没有理智吧）不再听信忠言，容不得别人议论，围绕他左右的都是会投其所好、百依百顺的宠信之人。这些人阿谀奉承、助纣为虐，有意放纵尼禄的一切罪恶行为，任凭尼禄在罗马政治舞台上演出一幕幕丑剧。

他竭尽其能事地表演着恶作剧，从别人的痛苦呻吟中感受乐趣。天一黑他便拿起平民戴的毡帽或绒帽钻进茶楼酒肆，或者在街上殴打赴宴后回家的人，然后把他们扔进下水道。他打砸和抢劫商店，在宫中建立小市场，在那里分赃和拍卖，然后把得到的钱财挥霍一空。他荒淫至极，在奸淫了身边几乎所有的女人后，又阉割了小男孩斯波鲁斯，以隆重的婚礼仪式把他娶回家中，协同他去希腊参加巡回审判和参观商业，一路上频繁同他亲吻。为了从淫荡中获得快感，他竟发明了一种游戏：他身披兽皮，从兽笼中被放出后，攻击缚在木桩上的男人和女人的阴部。当他的兽欲满足之后，又表演被他的获释奴多律弗路斯所征服。为此，他嫁给了多律弗路斯，就像他当初娶斯波鲁斯一样。他喊叫、痛苦，模仿一个被奸污的少女。总之，他眼里不再有"人"，所有的人在他那里都只是能取乐的玩物而已。

他自诩为"艺术家"，有极强的表现欲，为了哗众取宠满足虚荣心，他命令把五年举行一次的赛会间隔期缩短

腐朽的宫廷

尼禄经常让城里的所有歌妓舞女前往伺候，让她们赤身裸体地在人前搔首弄姿，表演不堪入目的舞姿，以增强感观刺激。

为一年两次。并一反常规在奥林匹亚赛会上设立音乐比赛。任何事情都不得妨碍和阻止他忙于这些比赛。他唱歌时，任何人哪怕有燃眉之急的理由也不准离开剧场。据说，因此一些妇女竟将孩子生在剧场里。许多人听腻了，不屑于鼓掌，偷偷跳过院墙，或者装死，让人把他们抬出去，像是送葬的样子，因为大门是关着的。为了消除赛会所有其他夺魁

者留下的纪念和痕迹，他命令推倒他们的全部塑像和肖像，然后用铁钩将它们拖走，抛进厕所。他也曾在许多地方表演过驾车。他从战车上甩下来，然后又被扶上战车，后来实在坚持不住了，只好中途退场。但尽管如此，他还是暗示裁判把桂冠授给了他。作为交换，他把自由授给整个行省，同时把罗马公民权和许多金钱赠给裁判员。

荒诞成性的尼禄对政事不再有兴趣。他愿意去做的只有挥霍财富和金钱。人们传说，他为了兴建新的罗马城并欣赏大火冲天的奇观，不惜把罗马城付之一炬，从而出现了开头的一幕。所以，大火过后的尼禄不仅不去解救灾民，反而忙着修建自己的"金屋"——王宫。这座王宫位于罗马最中心的地方，内部有黄金、宝石、珍珠装饰，餐厅里有象牙镶边的转动的天花板，可以往下撒花和香水。当这座富丽堂皇、豪华别致的建筑竣工时，尼禄欣喜地赞叹道："这才像个人住的地方。"而他之所以如此发疯挥霍，据说是因为一名罗马骑士向他发誓证实，在阿非利加的一些巨大洞穴中藏着狄多女王逃离推罗时带出来的数不尽的奇珍异宝。尼禄无耻的放荡行为，无止境的挥霍与浪费，使罗马帝国很快出现了财政枯竭、危机四伏的严重局面。国库的积存花光了，士兵的薪饷和退伍老兵的奖赏停发了，货币贬值了。如此严峻的局面下，尼禄如何来挽救即将灭亡的命运呢？他想出一个极其荒谬的主张，他打算作为一个歌手和朗诵者，到起义者中间去，妄想用他那"动人的歌喉"战胜与他誓不两立的反对者。他说："我仅用表演和歌唱在高卢就能再一次获得和平。"或许他当政之初，不计身份的演出以及对平民"无微不至"的关怀曾经为他赢得了平民的拥护，从而在与元老院的权力斗争中掌握着主动权。但此时的人们已不再相信他的"仁慈"，他们全当那是他"年幼无知的行为"。当然他也着实采取了两个能牟取实惠的措施：其一是极尽搜刮之能事，增加赋税；其二是以"侮辱尊敬法"以及种种莫须有的罪名没收有钱人的财产。

但事与愿违。罗马城的大火至今还燃烧在人们的心中，人们的不满情绪与日俱增。为了寻找替罪羊，他下令逮捕一切纵火嫌疑犯，企图转移人们的视线。这些替罪羊便是"当时负有恶名，为人所厌恶的一群被称为基督教徒的人"。对于这些"罪犯"，尼禄施以最残酷的手段，"有些被兽皮蒙起来，让群犬撕裂而死；有些则被缚在十字架上，黄昏以后被火点燃，当作火把，照明黑夜"。尼禄没有想到此番暴行给他的带来的不只是基督徒的仇恨，还有其他各个阶层的反抗。公元 65 年，罗马贵族阶层组成了以富有声望的盖乌斯·卡尔普尔尼乌斯·皮索为首的刺杀尼禄的集团。参加这个集团的有元老院元老、骑士、军官、诗人和哲学家等 40 余人。一年之后即公元 66 年，其统治区域的巴勒斯坦又爆发了大规模的武装起义。与此同时，在加利利城也爆发了以约翰和西门为领袖的起义，参加者有农民、手工业者。为了平息一次次起义，尼禄几乎动用所有的军队，终于获得成功。然而等待他的是一场更大规模、具有致命杀伤力的高卢反叛。领导这次起义的是尼禄派往南卢的副将盖乌斯·尤利乌斯·文德克斯。他在讨伐尼禄的檄文中公开宣布，起义的唯一目的就是推翻尼禄的统治，把罗马从暴君手中解放出来。文德克斯的号召，得到了帝国西部行省总督及军队统帅普遍响应，在他的周围迅速集结了十万之众。起义也得到了西班牙和阿非利加行省的总督响应。虽然高卢起义军被日耳曼军团击败了，但不久以后日耳曼的各个军团也起来反对尼禄，并宣布他们的指挥官维尔吉尼乌斯·鲁福斯为皇帝。这样，至 68 年夏天，罗马帝国历史上骄横一时的尼禄已经四面楚歌了。面对既成的事实，元老院也宣告尼禄为人民公敌并宣布将他处以死刑。走投无路的尼禄逃出了罗马，在城郊一所奴隶的住宅里自杀。一代暴君终于去了他该去的地方。

2. 天上掉馅饼
——黑斯廷斯之战中的威廉与哈罗德

在现实中，人们只要有理性，一般都会努力地进取，去达到自己的目标；而无数人的拼搏奋斗，就形成了历史发展的滚滚长河。这条河纵使会有曲折蜿蜒，也不会改变前进的方向。但是，对于历史发展中的个人而言，很多事情的发展，并不在其理性的谋划之内。对某些人来说，这可能是苍天有眼，天上掉馅饼；但对另一些人，可能就是叫天天不应，呼地地不灵。英国 1066 年黑斯廷斯之战中的威廉与哈罗德，就分别代表了这两种人的命运。

黑斯廷斯之战是诺曼底公国的威廉公爵在征服英国的过程中，与英国国王哈罗德二世在黑斯廷斯进行的一场决战。

5 世纪初，罗马占领军从不列颠撤走，英国进入盎格鲁·撒克逊时代。盎格鲁·撒克逊人属于日耳曼民族，他们从 449 年开始对不列颠进行征服，并最终击败了原来的居民凯尔特人，相继建立 10 来个小王国，经过合并剩下 7 个。英国史上称这七个王国并存的局面为"七国时代"（600~870 年）。829 年，7 个王国中最强的威撒克斯国王爱格伯特初步统一英格兰。但大约与此同时期，以丹麦人为主的诺曼人开始入侵英国，并对后者进行了近三个世纪不间断的侵袭。在此期间，丹麦人曾于 1016 年征服英格兰全境，但 1035 年，丹麦王卡纽特死，英格兰得以复国。贤人会议拥立先王埃塞列德之子忏悔者爱德华为王（1042~1066年）。爱德华在丹麦人统治时期侨居诺曼底长达 25 年之久，多在修道院中度日，因此被称作忏悔者。诺曼底公国地处法国西北部滨海一带，由诺曼人酋长于 911 年建立。威廉是诺曼底公国的第七位公爵。威廉虽然身为私生子，却得到了法国国王亨利一世的帮助，并娶弗朗德尔伯爵之女为妻，从而得以不断扩大实力。由于埃塞列德在 1002 年与诺曼底公爵的妹妹埃玛结婚，因此，爱德华与诺曼底的威廉公爵成为表兄弟。据说爱德华在流亡诺曼底期间，曾允诺由威廉继承他的英国王位。而后来实际继位的哈罗德因为感恩于威廉的厚待，也曾在诺曼底立誓，不反对威廉继承英格兰王位。这就给了威廉征服英国的口实。1066 年，爱德华死去，贤人会议把爱德华的内兄弟哈罗德推上王位。威廉感到自己受了骗，便立即准备入侵英国，为此他还取得了教皇的支持。

威廉在全欧范围内广招武士，在戴佛斯河口集结了一支有 800 艘船只的舰队。但是，英国也不是一个好征服的国家。爱德华的统治使英国有了一个和平的发展时期，国家的经济军事实力都有所提高。而继位的哈罗德也非平庸之辈，他"勇敢，聪明，和蔼，强壮而仪表俊美"，并拥有一支精锐的亲兵卫队。从实力对比来看，威廉其实并不占什么优势，何况哈罗德听到威廉准备入侵的消息后作了充分的准备，严阵以待。但是，一系列的好运让威廉不虚此行，而爱德华却为此命丧黄泉。

1066 年 8 月，威廉的远征军准备基本完毕。如果他即刻出航，势必会碰上以逸待劳的哈罗德及其舰队。即使他战而胜之，也必定要面对另一个争

威廉的士兵

三名士兵在哈斯丁战役中举起武器向盎格鲁－撒克逊战线冲去。此次战役使诺曼底的威廉公爵取得了决定性胜利。

夺王位的人，那就是强大的挪威国王哈得拉达。但是，这一切都没有发生，这并不是威廉的什么神机妙算，而是老天帮了他一个忙。因为从 8 月到 9 月，风向对威廉不利，他只有等待适合的风向渡过海峡。但这一等，就等掉了他未来"一个半"的敌人。就在哈罗德准备以逸待劳痛击威廉之时，北方传来了外敌入侵的消息。入侵者不是别人，正是挪威国王哈得拉达。

1066 年秋，哈得拉达联合反叛的哈罗德的弟弟陶斯提格，率军侵犯英格兰北部，并战胜英军，占领了约克。正在英格兰南部防范威廉的哈罗德不得不率领精锐部队北上。9 月 25 日，两军在斯坦福桥展开激战，结果英军将劳师远征的挪威军队聚而歼之，哈得拉达和陶斯提格被杀。但是，真正的胜利者却不是哈罗德，而是威廉。斯坦福桥战役不仅帮助威廉除掉了一个潜在的敌人，而且使得哈罗德的军队受到了很大的损失，严重地影响了他的战斗力。

斯坦福桥战役两天后，风向转南。9 月 28 日，诺曼底军队毫无阻挡地在伯文西登陆。在这种情况下，哈罗德又犯下了一个严重的错误。

威廉的军队登陆之后，并不敢脱离自己的舰队以及与诺曼底的交通线而深入内地作战。在这种情况下，如果哈罗德延迟作战，并发挥本土优势，在准备充分之后与威廉进行决战，胜机应该很大。甚至坚壁清野都或许能拖垮威廉。威廉显然也看到了这一天，所以他移驻黑斯廷斯，纵兵抢掠，以激哈罗德前来决战。哈罗德似乎没有想到这一切，他匆忙率领劳顿之师，南下抗敌。

哈罗德于10月13日到达黑斯廷斯西北16公里处的森拉克高地，凭借有利地形，他即以20人为一列的纵队布成了正面宽约320米的方阵，形成了一个防御的盾墙。14日，战争开始。威廉兵分三路向森拉克高地发起攻击，各路以弓弩手为前导，以手执长矛、头戴头盔、胸系盾牌、足穿铁护脚的重装步兵为第二梯队，以身披锁子甲、手执短剑的骑兵为后盾。战况异常惨烈，甚至威廉也落下了马。这一度给他的军队带来了极大的恐慌，但是威廉显示了一位真正统帅的品质，他揽下头盔，以便让人们认出他，然后骑上马，驰骋于疆场，可谓力挽狂澜。最终，经过一天的激战后，英军损失惨重，哈罗德本人受伤殉命。失去指挥官的英军无力再战，四处逃窜，威廉终于取得了最后的胜利。他乘胜进军伦敦，于12月25日在威斯敏斯特加冕为英国国王，称威廉一世，建立了诺曼王朝，确立了诺曼底人对英国的统治地位。威廉进军英国并夺取王位的战争，史称"诺曼征服"。

对于威廉的胜利和哈罗德的失败有其"必然性"的一面，或者说合乎理性的一面。比如，哈罗德始终没有得到英国大贵族的全力支持，致使他孤军作战；而

诺曼底武士的装备

诺曼底武士的装备既有高度的保护性，又拥有最大限度的灵活性。铠甲的袖子通常很短，并且为便于骑马，下摆分开，头盔是用单独的一块铁制成，并把一片单独的铁条铆在前面护鼻。

跟随威廉的那些封建主和骑士们，为了掠夺战利品、获得领地和农奴，团结一致，奋力作战。另外，哈罗德的军队装备简陋，而威廉的骑兵却装备精良，等等。但是，如果没有斯坦福桥一战对哈罗德的消耗，如果哈罗德能耐心一点，胜利的天平就可能倒向另一方了。有人说，历史是不能假设的，但是，正如张绪山先生说的那样："任何历史事件结局的生成虽是唯一的，但这个唯一结局在最初并不是唯一的可能性。也就是说，历史事件在最终成为历史事实之前，不可避免地存在多种可能性，这些可能性的每一种都可能促使历史事件向有利于自己的一方变化。正是由于这些可能性的存在，人们的主观能动性才有价值；否则，一切都是命定，奋斗有何意义？"可见，再理性的分析，也不能忽视历史非理性的这一面。

3. 飞来横祸
——黑死病让一切博弈停止

1348 年，一场巨大的瘟疫席卷了欧洲，人口因之锐减，社会为之剧变，这场瘟疫就是黑死病。现在一般认为，黑死病就是鼠疫。鼠疫是由鼠疫杆菌引起的一种烈性传染病，具有自然疫源性。鼠及其他啮齿类动物是鼠疫菌的主要宿主；寄生性鼠菌是鼠疫自然疫源地形成的基本成员；为了顺利地侵入到寄主——啮齿动物的机体，媒介昆虫——跳蚤担负起这一职责，适宜的温度对于鼠疫生态系统中的任何一个成员来说都是非常重要的。上述三者在它们相应的地区占据一定的地理范围，便构成了"鼠疫自然疫源地"。在一些特定的条件下，鼠疫可以通过染疫的啮齿类动物体外寄生的蚤类或其他途径传染给人。从而形成啮齿类动物（主要是鼠）、跳蚤、细菌和人类的四方共生关系，但在鼠疫大爆发期间，也可以形成传播较为迅猛的跳蚤、细菌和人类的三方共生的谐和关系。鼠疫通常没有前驱症状，发病急，病人突然恶寒战栗，体温上升，头昏脑涨，呕血便血等。腺鼠疫是鼠疫的一种，多见于流行初期，由接触传染。除上述一般症状外，腺鼠疫以患部淋巴结肿大为显著特征，这种肿大速度快，每日每时都有显著改变。

埋葬黑死病人

　　起初的黑死病人还可享受棺木，随着死亡人数的增加，一些地方只好用推车来清理尸体。图为吉尔斯·李·穆斯特所编年刊中，展示的黑死病人埋葬画面。

　　由于本身并无鼠疫自然疫源地的存在，因此黑死病对于欧洲来说绝对算得上是一个飞来横祸。黑死病在戈壁沙漠爆发，向西穿过了中亚到达中东和地中海一带，并进而传到欧洲的。对于具体传播的途径，有不同的看法，但是下面这个故事是最流行的：在中国—热那亚商路的克里米亚中点上，仇视基督教商人的鞑靼人包围了加法，用弓弩将许多染病的尸体投掷到城墙上，结果使得这些致命的病菌传染到守卫这座黑海港口的意大利人身上；还有一种可能，就是一些老鼠从城门下面掘洞进入城里。总而言之，这场围城战的幸存者，不管是健康的人，还是染病的人，都搭上剩下来的船只，逃往拜占庭、热那亚、威尼斯和马赛，将病菌传播到这些大城市，并从那里传播到整个西方。

　　黑死病的到来，最大最直接的影响就是人口的大规模死亡。亲历过黑死病的意大利作家薄伽丘在其名著《十日谈》中写道：

瘟疫的来势竟然这么凶猛，病人又缺乏护理，叫呼不应，所以城里日日夜夜都要死去大批大批的人，那情景听着都叫人目瞪口呆，别说是当场看到了……下层阶级，以至大部分的中层阶级，情形就更惨了。他们因为没有钱，也许因为存着侥幸的心理，多半留在家里，结果病倒的每天数以千计。又因为他们缺乏适当的医治，无人看护，几乎全都死了。白天也好，黑夜也好，总是有许多人倒毙在路上。许多人死在家里，直到尸体腐烂，发出了臭味，邻居们才知道他已经死了。城市里就这样到处尸体纵横，附近活着的人要是找得到脚夫，就叫脚夫帮着把尸体抬出去，放在大门口；找不到脚夫，就自己动手，他们这样做并非出于恻隐之心，而是唯恐腐烂的尸体威胁他们的生存。每天一到天亮，只见家家户户的门口都堆满了尸体。这些尸体又被放上尸架，抬了出去，要是弄不到尸架，就用木板来抬。一个尸架上常常载着两三具尸体。夫妻俩，或者父子俩，或者两三个兄弟合放在一个尸架上，成了一件很普通的事。人们也不知道有多少回看到两个神父，拿着一个十字架走在头里，脚夫们抬着三四个尸架，在后面跟着。常常会有这样的事情发生：神父只道要替一个人举行葬礼，却忽然来了六七具尸体，同时下葬，有时候甚至还不止这么些呢。再也没有人为死者掉泪，点起蜡烛给他送丧了；那时候死了一个人，就像现在死了一只山羊，不算一回事……等坟地全葬满了，只好在周围掘一些又长又阔的深坑，把后来的尸体几百个几百个葬下去。就像堆积船舱里的货物一样，这些尸体，给层层叠叠地放在坑里，只盖着一层薄薄的泥土，直到整个坑都装满了，方才用土封起来。

黑死病所到之处，都带走大量的生命。在 1347 年到 1352 年，短短几年内欧洲有大约 2，500 万人死去，几乎占到欧洲总人口的三分之一。当时许多关于死亡惨状的记录留了下来，几乎各地都有尸多为患，无处埋葬，只好挖个大坑埋掉的记录。从某种意义上说，黑死病使得一切博弈都停止了。因为人都死了，大大小小各种各样的博弈关系都因为参与者的失去而不复存在了。

即使侥幸活着的人们，也失去了正常的生活秩序。他们为亲人的死去而悲痛万分，又为突然得到了那么多死人留下的东西而欣喜若狂。这是一个狂乱的年代，人们的理性变得极其脆弱，正常的思维因为恐惧、忧郁和兴奋而扭曲了。正像著名历史学家汤普逊说的那样，"随着黑死病纷至沓来的是：经济紊乱，社会动荡，物价上涨，利欲熏心，道德堕落，生产不足，工业停滞；疯狂享乐，挥霍浪费，奢侈豪华；社会和宗

被火烧的犹太人

　　基督徒面带残酷的满足的表情，看着犹太人在柴堆里被活活烧死。他们与麻风病人、少数种族和少数宗教信仰者一同被教会定为基督的敌人，加上他们所从事的高利贷生意使他们为人憎恨，因而成了这场瘟疫的替罪羊。

教的歇斯底里，贪得无厌，行政混乱和风气败坏。"

　　犹太人是这种狂乱的牺牲者，这个一直被其他人所敌视的民族不幸沦为瘟疫的替罪羊。有人说，是犹太人向井里投毒，才造成了今天的悲剧。于是真正的悲剧发生了，犹太人被强行聚集起来，然后用火活活烧死；宗教裁判所不断地判处犹太人死刑；到 1350 年为止，欧洲绝大多数犹太人被赶入波兰和立陶宛，留下的大多被烧死了。欧洲人对犹太人残忍，更多的是内心恐惧的一种释放，而不是为了得到什么利益。他们对自己也不宽容。因为他们还认为黑死病的爆发是上帝对他们错行的惩罚，所以成千上万的人光着脚，身披麻衣，手持皮鞭涌向教堂。一路上不住地咒骂自己，还频频用皮鞭抽打自己的身体，直到浑身流血为止。

　　黑死病对于个人而言是残酷的。那么，对于整个社会呢？学者们普遍持乐观的态度。他们认为，固然对社会和人类造成了巨大的创伤，同时也打乱了似乎平静的社会旧秩序，加速了 12 世纪已经开始的农奴制的瓦解，重新调整了农业与畜牧业的经济布局。这些都为近代社会的登场鸣锣开道，这种认识确实令人困惑。历史的实际果真如此吗？应该看到，黑死病所引起的农奴制彻底瓦解，只是封建生产关系的内部调整，绝非

驱魔

　　一群身着统一服装的宗教信徒，跟在他们宣誓效忠的教团首领身悟，来到教堂或集市广场上，在敬畏的旁观者面前将衣服束至腰部，用嵌有铁钉的皮鞭疯狂地抽打自己的身体。这种行为的目的是为人类的罪行赎罪，驱走黑死病。

向资本主义的过渡。其实，在黑死病之前，农奴制已经开始解体，并且在 13、14 世纪产生了租地农场等具有资本主义性质的经营方式。但是黑死病后，因为死去的人留下了大量的财富，个人的财富急剧增加了，这便加强了农民的自给性，这使得农村的封建自然经济空前地强化，商品经济随之衰落，商业性农业的进步受到严重阻碍，商品经济对自然经济的侵蚀也由此而减缓了。按照这种思路，如果没有黑死病，欧洲近代化的历史是不是会提早几个世纪呢？

4. 爱江山更爱美人
——爱德华八世的惊世抉择

　　江山美人，一直是无数人追逐的目标。不过，在芸芸众生之中，美人倒是不乏其人，江山却只有一个。如果这两者不可兼而得之，一般人恐怕选择江山，因为它不仅代表着个人的无上权力与至高荣誉，还关系到一个国家的稳定和发展。如果爱江山更爱美人，为了红颜放弃了王位，这就不啻失去理智的疯狂举动了。在 1936 年的英国，就因为这么一个举动而万民震惊，几乎吸引了全世界的目光。

事件的男主角不是别人，正是当时的英国国王——爱德华八世。

爱德华生于 1894 年 6 月 23 日，他是约克公爵（即后来的乔治五世）的长子。1910 年 5 月 6 日，爱德华被立为威尔士亲王，成为王位继承人。1936 年继位，即爱德华八世。爱德华所受的教育是严格的维多利亚式的，儿童时代的他几乎见不到他的双亲，教育和照应他的是家庭教师和保姆。即使与父母仅有的相处中，他也得不到多少快乐，因为约克公爵不仅脾气暴躁，而且对孩子的要求也近乎苛刻，他的母亲——玛丽王后也冷漠、含蓄，缺乏对子女应有的温情。因此，爱德华显得沉默寡言，性格内向，但是实际上，他渴望家庭的温暖和幸福，尤其向往母亲的同情与关注，如饥似渴地追求这一点。因此，在他漫长的感情岁月中，他连续爱上一些年岁比他大的已婚妇女，或许，这就是爱情中恋母情结的一个体现吧。

爱德华虽然绯闻不断，却并不意味着他不想做一个好国王。相反，在还是亲王时，他就为父王没有给他应有的信赖不满，因为父王不让他翻阅公文箱中的文件，也不让他参加有关的国事讨论。在 20 不世纪 30 年代的经济危机中，爱德华王子对日趋严重的失业状况极为不安，对广大群众的贫困深表同情。他多次公开发表演说，认为国家和市政当局在就业问题上有错，并支持进行社会改革。此外，他还经常访问煤

爱德华八世像

矿、工厂和贫民区，了解下层人民的困苦，并通过各种社会团体和慈善组织，尽力给失业工人和贫苦民众以帮助。

1936 年 1 月 20 日，乔治五世驾崩。次日，爱德华八世宣誓就职，他说："我有志于遵循父王，像他那样为我的臣民的幸福和福利奋斗。

有整个帝国中人民对我的忠诚和热爱，有联邦各个议会中志士仁人对我的支持，我将挑起这副重担。愿上帝在我尽职过程中赐教于我。"爱德华决心履行起历史赋予立宪君主的职责。他主张君主形象现代化，文牍主义必须精简，宫廷礼仪也要简化。他甚至要重新树立国王形象，干预政府决策，实现自己的抱负。1936 年 11 月 18 日，他动身去南威尔士，在那里他看到，工人们一无所有，依靠救济度日。这次著名的旅行使他喊出了那句至今人们还记得的话："必须做点什么了！"

但是，还没等爱德华做出点什么，他就陷入了一场惊涛骇浪之中，而这一切只因为一个女人，一个已婚的女人——辛普森夫人。

辛普森夫人是美国人，原名沃丽丝·沃菲尔德，1896 年夏天出生于一个贵族家庭。沃丽丝精明能干又温文尔雅，处世实际又喜欢享乐，并且还有一点机智甚至轻佻。在经历了一段坎坷不平的婚姻和几段有花无果的爱情之后，她于 1928 年 7 月 21 日和英国商人欧内斯特结婚。欧内斯特并不是沃丽丝心目中的白马王子，他迟缓、笨拙、枯燥、乏味，但是却能提供给她最想要的东西——安定。

1931 年 1 月初，爱德华和辛普森夫人在一个宴会上相遇，彼此之间都有好感。之后，他们见面次数日益频繁，爱的烈火也慢慢燃起。爱德华的爱尤为深切、热烈，他彻底断绝了和其他情人的关系，一心拜倒在辛普森夫人的石榴裙下。而辛普森先生虽然不快，但不知何故，反而有意无意地为他们的约会创造条件。辛普

爱德华和沃丽丝

森夫人越来越多的迈入亲王的生活，甚至为他的行宫设计布置，安排家具，拟定菜单等。1935年，爱德华对辛普森夫人的迷恋达到了一种崇拜的程度。

亲王的爱一度让世人觉得不可思议，因为在众人看来，她其实是一个十分普通的女子，年华已逝，相貌平平，举止言谈亦无过人之处。不过，这一切也许就是歪打正着吧。辛普森夫人来自美国南部，那里曾经是一个母权社会。按照当地的传统，她学会了珍爱和照顾她所钟情的男子，而这种自然流露出来的挚爱恰恰是亲王所憧憬和追求的。而辛普森无疑也被温文尔雅的亲王打动了，1935年新年到来时，她给他写了一封信，告诉亲王：你使我的爱情和全部幼年的梦想得到了实现，我确信这也许是新的一年里最美好的日子。

也许亲王挚友沃尔特·芒克坦的回忆会使我们更加贴切地看到这一段感情："……如果不理解国王对辛普森夫人爱情的强度和深度，就不会真正理解国王的生活真谛。对他来说，她是一个完美的人。她坚持任何时候他都应该处于最佳状态和竭尽全力去工作，而他则把她作为鼓舞他的源泉。那种认为他单纯是在肉体意义上同她相爱的想法是大错特错。他们之间存在着一种理性的交往，性格孤僻的他在她身上找到了精神支柱……他感到他和辛普森夫人是互为对方而存在的，在这种情况下，除同她结婚以外，没有其他更好的选择。"

是的，随着他们感情的加深，婚姻开始摆在他们面前。但是，按例，像辛普森夫人这样的有夫之妇是不能成为英国王后的，而爱德华却是英国的国王。前面说过，爱德华继位后，决心履行起历史赋予立宪君主的职责，这让英国民众感到欣慰。但是，纸里包不住火，新闻界有关国王和一个有夫之妇暧昧关系的报道越来越多，不仅英国政府和王室都感到头疼，连普通民众也开始有反应。一位旅居美国的英国人给英国首相鲍德温写信，说他曾是一个对国王极为崇敬的人，"期待国王有朝一日能为王权带来新的视野和新的推动"。但是现在，"国王和辛普森夫人之关系的恶劣名声"使"英国的声誉在美国人眼中急剧下降……他已把一个庄重理智、享有尊严的国度变为一台按爵士乐节奏狂舞的巴尔干音乐喜剧"。国王的私人秘书则建议国王，让辛普森夫人立即离开英国。

面对强大的压力，爱德华八世不仅没有动摇，反而说"我感到震惊，也感到愤怒。之所以震惊是因为这种打击来得如此突然，之所以愤怒是因为人们向我提出如此惊人的建议，要我把我准备与之结婚的女人从我自己的土地上，从我自己的王国里打发出去"。但是，问题恰恰在于，这个王国是他的，他是这片土地的国王。整个保守党内阁，多数公众舆论、宗教界，甚至英国政坛的在野党，都一致反对国王的婚事。12月2日，在与国王的会晤中，首相明确表示，国王必须在婚姻与王位之间迅速做出不可更改的决定。

现在，国王几乎是在独力面对铺天盖地的反对声音了，辛普森夫人不愿看到国王众叛亲离，悄然离开英国，致信他表示愿做自我牺牲，割断情丝。但国王却视爱情高于一切。12月5日，他通知首相同意逊位。12月10日，他正式向枢密院提出了自己的退位声明。12月11日傍晚，逊位的国王以"爱德华王子殿下"的身份，向全国发表告别广播讲话。他说：

"经过许多周折以后，我终于能说几句心里话了。

我从来不想抑制自己，但是根据宪法，在此时以前我不可能说出自己的话。

几小时前，我卸去了作为国王和皇帝的最后责任，继承我的是我的弟弟约克公爵，我首先要说的话必须是声明我对他的忠诚。我真心实意地做出这一表示。

你们都知道促使我放弃王位的原因。但我要你们理解：在做出这个决定时，我没有忘记在25年中我作为威尔士亲王和后来作为国王力图为之尽力的国家和帝国。

但是，倘若我告诉你们，如果没有我所爱的这位妇女的帮助和支持，我觉得不可能按照我本来的意愿承担起这副重担，履行国王的责任，你们应该相信我。

我还要你们知道，这个决定仅仅是我一人做出的。这是一件完全得由我独自进行判断的事情。与此事最密切相关的另一个人直至最后还在劝我采取一种不同的做法。

按照结局要对各方面都合适这个唯一的想法，我做出了一生中最重要的决定。

爱德华退位诏书

我的弟弟，在我国公众事务中得到过长期的锻炼，并具有优秀的品质，因此，当我确实知道他将立即接替我而不致给帝国的生活和进展带来障碍和损害时，我作出这个决定就不那么困难了。而且他拥有一种你们中许多人都享有、而上帝没有赐予我的无与伦比的幸福——他与妻子和孩子组成的快乐家庭。

在这些困难的日子里，我受到母后陛下和我的家族的安慰。王国政府的大臣们，特别是首相鲍德温先生，始终给予我充分的体谅。在我与他们之间，在我与国会之间，从未在遵守宪法的问题上产生过分歧。我的父亲根据宪法传统把我教养成人，我决不会让任何这类问题出现。

自从我当威尔士亲王之时起，及在以后登上王位的日子里，无论我居住在，或旅行于帝国的什么地方，所有各阶层的人民都以最大的善意对待我。我对此十分感激。

现在我完全退出了公众事务，放下了我的负担。可能还要一段时间我才能回到故乡，但我将以深切的关心注视着不列颠人民和帝国的命运，在未来任何时候，如果国王陛下发现我能以私人身份做点什么的话，我决不会辜负这种期望。

而现在，我们大家有了一位新的国王。我真心诚意地祝愿他和你们即他的人民幸福，昌盛。愿上帝保佑你们大家！上帝保佑国王！"

直到今天，英国还流传着一首童谣，里面唱道：

"快来听呀，听报信的天使唱歌，
辛普森太太偷走了我们的国王。"

其实，与其说是辛普森太太偷走了国王，不如说是国王跟着辛普森太太跑了。在江山与美人之间，他做出了一个让世人跌破眼镜的抉择。感情的力量让理性黯然褪色。不过，也许我们的理解有误吧，因为在世人看来，江山才是国王首先应该考虑的，而在国王看来，他的责任在于他所爱怜的女人。还是丘吉尔说得好："现在，木已成舟，任何争论和分歧不但将无济于事，而且会铸成大错，贻害无穷。已经解决或者有待解决的事属于历史，我认为，应当让历史做出公断。"

理智的最后一步就是意识到有无数事物是他力所不及的。

——帕斯卡

第九章 不光彩的博弈

　　16世纪，一场反对罗马天主教会的宗教改革运动开展起来。这一场运动是由马丁·路德首先在德国发动的，但是他却虎头蛇尾，倒向了封建势力。"宗教改革需要一个天才去发动，又需要一个另一个天才去结束"。这后一个天才，就是法国人约翰·加尔文。他在日内瓦身体力行，施行新教，被人称为"日内瓦教皇"。日内瓦也因而成为当时欧洲新教和民主政治的圣地。但是，令人困惑的是，在这个圣地内部，却充满了极端的专制。加尔文成立了一个由长老、市议员和市政官等组成的宗教法庭，密切监视每一个人的生活与行动。曾经自由欢乐的日内瓦变得死气沉沉、晦暗压抑，许多优秀的人物因不满独裁而横遭迫害。这在世人看来，是多么的卑鄙。但是，这一开始却是日内瓦人自己的选择。他们曾经因为反对加尔文的做法驱逐过他，但之后日内瓦的宗教改革却立即陷于停滞，越来越多的人力主把加尔文召回。因为"铁的教规毕竟比迫在眉睫的混乱更为需要"。

1. 目的就是一切——马基雅维里主义

在博弈活动中，利益是所有参与者共同追逐的目标，他们都通过采取行动，努力使自己的效用或利益最大化。但是，在人类思想史上，思想家最初都是用道德的观点认识社会政治生活的，政治与道德相结合是大多数思想家的共同特征。在希腊罗马延续下来的政治哲学中，把道德原则作为政治生活的根本法则，把道德的良善作为政治的目的，以道德意义的善恶作为政治评价的标准。希腊哲学家曾经反复辩难什么样的政治才符合"正义"，什么样的政治是好的政治，什么样的政治是不好的政治。诸如"正义"之类的道德理念是希腊哲学的逻辑出发点。这本无可厚非，因为政治生活的主体是人，在任何时候，伦理原则都是人际关系中的重要准则，只要人际关系中的伦理原则存在，政治就无法摆脱道德的约束和善恶的评价。哲学家们把道德的良善作为政治的目的，就在于他们在主观上不仅仅满足于现实的政治统治的实效，而是追求更高的政治生活的质量。但是，他们忽视了一个问题，那就是对人类生活具有主导作用的政治权力，除了应当具备一些价值功能外，其实际还具备一些技术功能，甚至说首先要具备一些技术功能。简单地说，它有其自身的逻辑，进行政治活动不仅仅需要道德，更需要能力和智谋，甚至可以直白地说——权术。这才

马基雅维里像

意大利政治家和作家马基雅维里曾一度是佛罗伦萨势力强大的美第奇家族统治者的顾问，他被认为是实用的无情的政治信条——"只要目的正当，就可以不择手段"的创始人。

是政治的本质。如果想当然地用道德来理解政治，不是欺骗自己，就是为自己被政治家欺骗创造条件，或为暴强者欺诈柔弱者制造口实。有一个人，他改变了人们对传统政治本质的虚假认识，把传统政治从伦理道德的阴影下成功地引导到权力上来。这个人就是尼科洛·马基雅维里（1469～1527 年）。他在《君主论》一书中对国家政治生活的本质进行了赤裸裸的揭露，把正义和道德踢到一边，认为君主为了达到目的，可以不择手段。后人将这种政治理论称为"马基雅维里主义"。

马基雅维里是意大利佛罗伦萨人，在共和国内部从政 14 年，曾多次衔命出使意大利各邦和法德等国。1500 年，他第一次出使法国。法国的统一、王权的强大和国家的强盛，给他留下了难忘的印象。相比之下，14 世纪以后的意大利虽然以其繁荣的文化引起了整个欧洲的关注，但在政治上却仍然处于四分五裂的状态，自 1494 年法王查理八世入侵以后，意大利一直处于内忧外患交织的状态之中。马基雅维里的故乡佛罗伦萨是一个弱国，在法国、西班牙等列强对意大利的争夺战争中，没有自己民族武装作为后盾的佛罗伦萨共和国只能依赖外交上的纵横捭阖求得生存。这激发了他挽救国家命运的紧迫感，并把意大利的统一视为当务之急而置于其他一切政治目标之上。他把希望寄托在佛罗伦萨的梅迪奇家族身上，主张君主拥有无限权力，遏制封建贵族割据势力，镇压下层民众的反抗。《君主论》一书就是他向梅迪奇家族进献的救治祖国的方案。此书又名《霸术》，共有 26 章。前 11 章论述了君主国应该怎样进行统治和维持，强调君主应靠残暴和讹诈取胜；第 12～14 章阐明军队是一切国家的主要基础，君主要拥有自己的军队，战争、军事和训练是君主唯一的专业。后 12 章是全书的重点，全面论证马基雅维里的术治理论。

"人性本私"思想是马基雅维里主义的重要组成部分之一，也是他在政治思想史上最大的贡献之一。马基雅维里认为，人在本性上是追逐利益的，"当你对他们有好处的时候，他们是整个属于你的"。因此，"利"成为君主统治和调动臣民最有效的杠杆。君主与臣下之间没有共同利益可言，君臣关系在本质上是一种利益交换的关系。君主霸占臣民的财产及其妇女，最容易引起臣民衔恨，而"当大多数的财产和体面都没有受到侵犯的时候，他们就安居乐业"。这是因为，"人们忘记父亲之死比忘记遗产的丧失还来得快些"。由此出发，我们甚至可以得出"人性本恶"的结论。"关于人类，一般地可以这样说：他们是忘恩负义、容易变心的，是伪装者、冒牌货，是逃避危难、追逐利益的。当你对他们有好处的时候，他们是整个儿属于你的。正如我在前面谈到的，当需要还很遥远的时候，他们表示愿意为你流血，奉献自己的财产、性命和自己的子女，可是到了这种需要即将来临的时候，他们就背弃你了"。"人们是恶劣的，而且对你并不是守信不渝的，因此你也同样地无需对他们守信"。在这个"人性本恶"的大前提下，他提出为了维护君权，君主可以不受传统道德规范的约束，在夺权与施政中可根据实际需要采取各种变通手段的政治观念，从而赋予了争权者以逾越道德伦理束缚的自由。

　　一切为了目标的功利性思想在《君主论》中体现得非常明显。马基雅维里在开篇便声明，自己写这本书的目的是"探讨这些君主国应该怎样进行统治和维持下去"。当功利性的目的成为政治的最高追求的时候，

博尔吉亚离开梵蒂冈

　　塞萨尔·博尔吉亚是一位狡猾、野心勃勃、沉迷于政治权力的肆无忌惮的机会主义者。不过他也是一位有能力的统治者，马基雅维里把他看作是理想君主的师表。在这幅画中，博尔吉亚在看望了自己的父亲——备受争议的教皇亚历山大六世之后离开梵蒂冈。

道德的价值也就自然而然地消失了。不仅如此，君主还要保留那些不会使自己亡国的恶行。

在马基雅维里看来，从逻辑上说，行善与作恶都是政治统治的艺术，但他却很少谈及统治者应该如何行善，而是反反复复地论述君主作恶的艺术。用马基雅维里的话说，世界上用于斗争的有两种方法，一种是人类特有的法律，另一种是属于野兽的武力，而人类特有方法常常有所不足，所以，必须"诉诸后者"。因此，在正义与暴力之间，他选择了暴力；在具有合法性的政治与强权政治之间，他选择了强权政治；在残酷和仁慈之间，他选择了残酷。正因为此，他才极力赞扬用阴谋手段征服了罗马尼阿的切萨雷·博尔吉亚，"切萨雷·博尔吉亚被认为是残酷的。尽管如此，他的残酷却给罗马尼阿带来了秩序，把它统一起来，并且恢复和平与忠诚。如果我们好好地考虑到这一点，就会认识到博尔吉亚比佛罗伦萨的人们仁慈得多了，因为后者为着避免残酷之名反而让皮斯托亚被毁灭了"。

统治者是否作恶，在什么时候什么程度上作恶，完全决定于怎样做对君主的政治统治有利。在作恶的时候，君主要掌握好使用残暴手段的限度和范围，恶就要一恶到底，但对臣民的财产和他们的妻女不要染指。他认为，"任何人一旦成为一个城市的主子，如果这个城市原来习惯于自由的生活，而他不把这个城市消灭，他就是坐待它把自己消灭……最稳妥的办法就是把他们消灭掉，或者驻在那里。"如果作恶，就要心狠手辣，一恶到底，且勿犹豫不决。"因为人们受到了轻微的侵害，能够进行报复，但是对于沉重的损害，他们就无能为力了。所以，我们对一个人加以侵害，应当是我们无须害怕他们会报复的一种侵害"。

行恶可以，但是最好不要留下恶名，如果可能的话，要创造美名。君主必须学会避免那些可能使自己受到憎恨或轻视的事情。君主必须像提防暗礁一样提防被人认为变幻无常、轻率浅薄、软弱怯懦、优柔寡断，他应该努力在行动中表现伟大、英勇、严肃庄重、坚韧不拔，使人们对自己抱有"谁都不要指望欺骗他或者瞒过他"的见解，这样才能对抗一切阴谋，坐稳江山。同时，君主为避免自己因袒护人民而受到贵族非难、因袒护贵族而受到人民的非议，就应设立作为第三者的裁判机关

（议会）。君主务必把担待责任的事情委托他人办理，而把布惠施恩的事情由自己掌管。一位君主必须依靠他的行动去赢得伟大人物与才智非凡的声誉。当一位君主公开表示自己毫无保留地赞助某一方或反对另一方，他也会受到尊重，采取这种态度明确的办法总是比保持中立更有用处。另外，一位君主必须表明自己是一个珍爱才能的人，起用有才艺的人们，对于各个行业中杰出的人物给予荣誉，激励公民安心地从事其职业，给人民以欢乐。君主对待臣下一方面要使他感恩戴德、分享荣誉、分担职责，另一方面要避开谄媚者。

马基雅维里之所以对君主作恶的艺术如此重视，是因为作恶比行善更能满足政治统治的需要。既然如此，诸如尔虞我诈、食言而肥、背信弃义等种种恶行，在马基雅维里那里就更不在话下了。在慷慨与吝啬方面，"明智之士宁愿承受吝啬之名"。"在我们的时代里，我们看见只有那些曾经被称为吝啬的人们才做出了伟大的事业，至于别的人全都失败了"。但是，有的时候慷慨是必需的，比如"一位君主如果带军队出征，依靠掳掠、勒索、敲诈和使用别人的财物，这个时候慷慨是必要的；否则士兵就不追随他了"。这时；你就要留着自己的财产而去挥霍别人的。"对于既不是你自己的财产也不是你的老百姓的财产，你尽可以作为一个很阔绰的施主，因为你慷他人之慨淋漓痛快，不但无损于你的名声，倒是使你的声誉鹊起。只有把你自己的财产挥霍了，才损害你自己"。

在守信和失信方面，君主应当效法狐狸与狮子。"由于狮子不能防止自己落入陷阱，而狐狸则不能够抵御豺狼。因此，君主必须是一头狐狸以便认识陷阱，同时又必须是一头狮子，以便使豺狼惊骇。"当遵守信义对自己不利或原来使自己做出诺言的理由不复存在时，一位英明的君主绝不能够、也不应当遵守信义。但君主又必须深知怎样掩饰这种兽性，并须做一个伟大的伪装者和假好人，要显得具备一切优良品质。"因为群氓总是被外表和事物的结果所吸引，而这个世界里尽是群氓"。他举出了一个例子，"当代的某一位君主（指西班牙的费尔迪南多——引者）——我现在不便点名——除了和平与信义之外，从来不宣扬其他事情，但是他对这两者的任何一者都是极端仇视的。然而假使他曾遵守其中任何一者，那么，他的名望者他的权力就不免三番五次被人攫取了"。

《君主论》是马基雅维里对意大利几百年来的政治实验和当时激烈政治斗争的经验总结，他在否定历史上其他思想家对于政治的伦理学解释的同时，也丢掉了道德哲学中有价值的东西。他所设想的政治，只能是实现君主的有效统治的政治，而不可能是维护社会平等与公正的政治。正因为此，马基雅维里成为世界历史上一个毁誉参半的人物。马基雅维里主义成为运用任何手段追求利益的代名词。虽然有人或许在谈起这些时义愤填膺，但是平心而论，又有多少人在心照不宣地运用着《君主论》所揭露出来的政治权术和阴谋诡计呢？

2. 可怕的教父——意大利的黑手党

2002 年 6 月 18 日，举世瞩目的第 17 界世界杯足球赛正在如火如荼地进行着。在这一天结束的最后一场世界杯 1/8 决赛中，韩国队凭借安贞焕加时赛的金球 2：1 击败了老牌劲旅意大利队，爆冷进入八强，1/4 决赛对阵西班牙。但是，这场比赛最受关注的人不是安贞焕，而是执法该场比赛的厄瓜多尔主裁判莫雷诺。比赛进行到第 116 分钟的时候，莫雷诺判定意大利队场上灵魂托蒂假摔，出示第 2 张黄牌，红牌将其罚下场，导致意大利队不得不以 10 人应战。意大利人认为他们受到了不公正的对待，纷纷对莫雷诺大加指责。有一些人甚至向莫雷诺发出了死亡威胁，他们便是令人谈之色变的意大利黑手党。

黑手党威胁莫雷诺，在一定程度上体现了意大利人对"黑哨"的不满，但是纵使莫雷诺偏袒韩国，也罪不至死，并且如何处罚也应该由国际足联之类的合法机构来判定。黑手党的反应，是用一种更大的不公正来抗议这种不公正——死亡的威胁，更是他们草菅人命的典型写照。并且，黑手党威吓莫雷诺，恐怕也不只是因为输球，更重要的是他们因为输球而损失了大量的财富。据不完全统计，意大利本土至少有超过 1 亿美元的投注是买意大利最终夺得世界杯的，而意大利队出局使这些钱全部打了水漂，这其中自然少不了来自意大利黑社会的洗钱资金。有消息说，意大利黑社会因为意大利被淘汰出世界杯的直接经济损失在 5000 万美元以上，并且这个数字仅仅是最粗略的统计，而实际的数字则有可能是 1 亿美元。以一个看似合理的借口，以一种不合法的方式，达到一种不合理的目的，并在此过程中让别人受到苦难，这就是黑手党生存游戏。

黑手党是世界三大犯罪灾难之一。犯罪学家们预言：在 21 世纪，集团性犯罪向黑社会发展，将成为"四大犯罪趋势之一"。世界上最臭名昭著的黑手党，便是意大利黑手党。《简明不列颠百科全书》将黑手党界定为，"一个等级森严的犯罪组织，成员大部分是意大利或西西里人，或具有意大利或西西里血统的人"。可见意大利黑手党的影响。

黑手党在意大利文中称作"Mafia"，意为"大众"。西西里岛是意大利黑手党的发源地。西西里岛位于意大利的南端，是地中海上的最大岛屿。在 19 世纪意大利统一之前，该岛一直被外来者殖民统治，并且殖民统治者经常更迭变换，进行掠夺式的管理，以至于同意大利北部相

《鲨鱼故事》剧照

　　好莱坞动画《鲨鱼故事》堪称"动画版《教父》"。黑道的鲨鱼家族被描绘成意大利黑手党般的犯罪团伙，而且还有意大利人的名字和习性。

比，西西里一直处于明显贫困的状态。不断替换着的殖民者无心也无力去治国安邦，只是一味地横征暴敛、巧取豪夺。政治和法律统统成为金钱与暴力的奴隶。在这种情况下，西西里人必须通过个人保护制度来护卫自己的财产和土地。最早从 16 世纪开始，西西里的农奴们就挑起了"劫富济贫，反抗暴政"的大旗，秘密组织起了对抗法律和政府的荣誉社团。这种组织以"地下政府"的角色裁决是非，主持公正，但采取的手段非常残酷。年复一年，这种非官方的社团组织成了西西里半岛一种特殊的组成部分，甚至成为西西里人意识中的一部分，这就为具有严密组织的黑手党的出现创造了条件。17 世纪以来，西西里岛上建立了许多封建庄园。庄园主为了方便收取地租，也为了自身的安全，雇用了许多打手。随着时间的推移，这种由庄园打手组成的庄园主私人武装集团日益巩固，组织越来越完善，于是形成了具有独特帮规和组织系统的黑社会王国，这就是最早的黑手党。这些打手绝大多数出身卑微，来自社会下层。他们心黑手辣，横行乡里，无恶不作。甚至连庄园主也要受他们的凌辱。有的庄园主只好以最低的价钱，把土地卖给他们。他们在得到庄园和土地后，便以最苛刻的条件将土地租给农民，对农民进行敲骨吸髓的剥削。他们作奸犯科后留下的特有的显著标记是：一个骷髅、一把短剑或一双手印。特别是手印，他们认为是最有效的记号。他们在犯罪现场总要留下一种用蜡纸印出来的黑手。久而久之，"黑手党"的名字就广泛流传开来。

进入 19 世纪，上述庄园主私人武装集团已发展为地地道道的、几乎是无所不能的暴力犯罪集团；从 19 世纪中叶开始，黑手党获得了进一步的发展。在空间上，他们不仅在西西里岛上确立了绝对权威，而且发展为组织极其严密的全国性的暴力犯罪集团。在程度上，他们已经将其势力逐渐渗透到了意大利的政治、经济和社会生活的各个领域。他们到处走私贩毒、收取保护费、杀人越货。在 20 世纪 20～30 年代法西斯统治时期，黑手党一度受到法西斯分子的严厉打击，被迫转入地下，但"二战"结束后，他们在美军的支持下东山再起，变本加厉。20 世纪 70 年代以后，黑手党的犯罪活动，不再是以往那种收取保护费或敲诈勒索，而变为有规模走私和贩毒，然后再通过银行洗钱，转化为合法资金，经营现代化企业或投资金融业。对于那些敢于同他们为敌的司法界人士，新黑手党则不惜施以血腥的暴力。这种情况在 20 世纪 90 年代初一度肆虐到无以复加的地步。黑手党分子曾一度实行"挑战政权"、同国家正面对抗，一大批代表国家意志的正直官员被黑手党残酷杀害，其中包括有被誉为"反黑手党的旗帜"和"活的黑手党资料库"的意大利著名大法官法尔科内，西西里大区主席马塔莱拉，前宪兵司令、西西里省督基耶萨将军等人。这便激起了意大利人的普遍怒火，1993 年，意大利政府颁布了一系列紧急法令，成立全国反黑机构，调集军队开进西西里，对黑手党展开全线反击。到了 1993 年 1 月，凶残暴戾的黑手党元凶里纳被抓获。重压之下，黑手党放弃了"挑战政权"的一切行动，转而实行"无声战略"。新的战略要点是：避免内讧和相互争斗；向国家机构迂回渗透；集中精力攫取财富和权力，从而演变为一个更隐蔽、更具野心和更难对付的犯罪组织。

黑手党之"黑"，不仅仅在于那一双黑色的手印，更在于其与作为社会正常秩序之"白"的抵触。黑手党又被称为"地下社会"，也就是说，他们的行为举动都不是符合正常的社会博弈规则的，而是有其独特而罪恶的一套博弈规则。

黑手党不是散兵游勇、乌合之众，而是具有完善的制度和森严的社会组织。黑手党的最高权力机构是由内部势力最强的派系首脑们组成的"委员会"，"委员会"下设"议会"，"议会"的下级为"家族"。每个"家族"内部均有一个主要头目，因为"德高望重"而被称为"教父"。在"家族"内部，骨干成员从数十人到数百人不等，其中比较重要的有"二当家"、"副主管"和"军团司令"等。这些在著名的影片《教父》中都有过鲜明的写照。不过，在近几年，黑手党因为受到了政府的严厉打击，在组织上也进行了调整。根据警方掌握的情况，目前黑手党沿循半个世纪之久的金字塔式结构已不复存在。其基层辖区进行了重新划分，由家族首领选举的区长职位和省级委员会被取消了，"库波拉"也被一个类似政府的领导机制所取代。新的组织结构分为三个层次：第一层次由普洛文扎诺和绝对效忠他的 6 名"顾问"组成，这些顾问是黑手党内的"专家"，分别主管毒品走私、工程承包、财务及武装力量；第二层次是巴勒莫、阿格里琴托、卡塔尼塞塔等西部三省的黑手党强势家族的重量级人物；第三层次是西西里的所有黑手党家族。

　　不管如何调整，黑手党的一套机构都是居于社会合法的社会组织之外的，是黑手党从事各种罪恶行为的策动源泉。为了保持黑手党的"纯洁"和其特有博弈规则的正常进行，他们还有一套约定俗成的律条。首先是"奥梅塔"，这是一种攻守同盟的帮规。根据这一规定，对出卖或

奥斯卡影帝马龙·白兰度主演的《教父》

　　"教父"维托·唐·科莱昂是黑手党首领，常干违法勾当，同时是弱者的保护神。他有一个准则就是决不贩毒害人，为此他拒绝了毒枭素洛佐的要求，激化了与纽约其他几个黑手党家族的矛盾。圣诞前夕，"教父"被暗杀，中枪入院。在他住院期间，黑手党各家族之间的仇杀越演越烈，"教父"病故之后，接替了家族首领位置的小儿子迈克派人刺杀了两个敌对家族的首领，并亲自杀死了谋害他前妻的法布里奇奥，命人杀死了妹妹康妮的丈夫卡洛，为兄长逊尼报了仇。仇敌尽数剪除，迈克冷峻地命人把受打击的康妮送进了疯人院。他已经成了新一代的"教父"——唐·科莱昂。

者泄漏组织秘密者，都要格杀勿论。在《教父Ⅱ》中，科里昂家族的第二代教父迈克派人将其兄长杀死在小船上，就是因为后者背叛了他。黑手党还有一条"沉默法规"：只有死去的目击者才会保持"沉默"。正是在"奥梅塔"和"沉默法规"的基础上，黑手党内部形成了一套严格的

制度来管制黑手党成员。

在严密的组织纪律保证下，黑手党对敌人残酷无情，为了达到自己的目的可以采取任何手段。敲诈勒索是其主要的作案方式之一。据统计，在 1991～1995 年，意大利全国的平均勒索案达 3204 起，比同世纪 80 年代后期增加 56% 以上。在同一时期，仅西西里岛上的巴勒莫、墨西拿、锡拉库扎和阿哥里琴托四个城市，谋杀案件年均达 231 起。走私毒品是黑手党又一重要的"营生"。据联合国估计，黑手党等犯罪集团每年在全世界贩卖毒品的营业额高达 3000 亿美元，梵蒂冈估计为 5,000 亿美元。更可怕的是，黑手党还与意大利政权机构有着说不清道不明的关系，他们在各个方面、各个领域都拥有各种各样的后台，其中不乏高级官员和警方骨干。据估计，在意大利全国 12.4 万地方行政官员中，有 1.86 万人与黑手党有染。近年来随着意大利政府对黑手党打击力度的加大，后者也加紧对政界要人进行"糖衣炮弹"的攻击，甚至把目标锁定为总理。因为他们认为，要牟取暴利和获得"自由"就必须对政界人物施加影响， 1994 年意大利大选前夕，黑手党曾把一个滴着鲜血的小牛头放在候选人家的门槛上，以此发出一个明确的信息：黑手党希望人们投票支持某某人，而不要支持某某人。现在，新的黑手党首领普洛文扎诺早就放出了风声：黑手党对参加总理选举的两大主要阵营没有偏好，不管是哪一方上台，只要愿意"做生意"，黑手党就"十分感谢"。

黑手党离我们并不遥远。随着社会的发展，经济全球化的浪潮势不可挡。同时，世界金融和资本市场的开放，也为有组织犯罪的跨国活动提供了可乘之机。今天有组织犯罪活动范围之广、规模之大、经济影响之严重是前所未有的。据国际货币基金组织估计，世界黑手党活动的年交易额高达 7000 亿至 1 万亿美元，约占世界国内生产总值的 4%，其中将近一半来自毒品交易。黑手党活动领域十分广泛，除了包括各种走私贩运、敲诈勒索、赌博和色情等所谓"传统的"犯罪行业，近年来更是大有染指和入侵金融业之势。已引起国际社会的高度重视和严重担忧。如何有效打击黑手党的犯罪活动，遏制走私、毒品、洗钱等黑色经济，维护国家的经济安全，已成为极其重要的现实课题。

3. 刺杀卡斯特罗
——世界历史中的暗杀行动

　　2000 年 11 月 17 日晚，巴拿马一家豪华饭店的大厅里突然人头攒动，警卫明显增多，记者纷纷赶来，似乎要有什么大事发生。没过多久，一个大家熟悉的面容出现在人们的面前。他一身戎装，长须飘飘，眼中充满了愤怒的目光，他正是充满了传奇色彩的古巴最高领导人菲德尔·卡斯特罗，他应邀前来参加第十届伊比利亚美洲国家首脑会议。面对摄像机镜头，他激动地告诉众人，古裔美国人基金会的头头、涉嫌多起恐怖事件的路易斯·波萨达·卡里雷斯伺机在这次会议期间谋害他。他说："恐怖分子准备不惜一切手段枪杀或者炸死我，甚至根本不准备

考虑会不会连累其他国家的领导人或者代表团，也不管这次峰会的议题是什么。恐怖组织的头号领导人甚至亲自冒险出马，于 11 月 5 日持假护照潜入巴拿马，现在仍在巴拿马城内的某个地方。"卡斯特罗透露说，古巴特工现在已经锁定恐怖头目。消息一经传出，巴拿马警方如临大敌，根据古巴安全部门提供的情报，他们当天突袭了首都巴拿马城中心的一座酒店，逮捕了卡里雷斯及其 3 名同伙。这 4 人是几天前从美国潜入巴拿马的。

卡斯特罗

在 21 日，警方又在巴拿马国际机场附近发现了 8 公斤埋在地下的爆炸物，并全部挖出扣留。为刺杀行动增添了新的证据。

　　卡斯特罗愤怒地宣称，这名叫路易斯·波萨达的恐怖分子，是接受美国中央情报局训练的著名恐怖分子。实际上，这仅仅是美国人针对卡斯特罗众多暗杀行动中的一次，古巴有关当局称：美国中央情报局 40

年来试图暗杀卡斯特罗的行为有 637 次之多；而卡斯特罗也不是中央情报局唯一的目标，仅仅是他们打算暗杀的众多领导人中受"骚扰"次数比较多的一个而已。

美国中央情报局暗杀外国领导人的活动早已是公开的秘密。曾任中情局副局长的比希尔在其回忆录《冷战者的思考》一书中，记录了他与当时的美国总统商量暗杀他国政治领袖的情景。到了 20 世纪 70 年代中期，随着那

与卡斯特罗并肩作战的人是切·格瓦拉，他们为古巴的解放立下了不朽功勋

些暗杀行动的曝光，美国政府才发现自己的形象已经和黑手党差不多了，于是才有了 1981 年总统行政命令的出台——中情局不得直接或间接参与暗杀行动。但是它也公开承认，一旦美国认为其外交政策目标不能通过正常外交途径实现时，美国就会考虑在某国发动军事政变。这种军事政变的大多数结果，无疑是该国领导人的死亡。多年来，被列入暗杀对象的人在中情局的档案上都没有名字，而以字母编号代替。而卡斯特罗无疑是最受他们关注的一位。

卡斯特罗在大学时就参加学生运动，反对美国压迫古巴。1959 年 1 月，卡斯特罗指挥古巴起义军最终推翻了美国扶植的独裁政权，1961 年 4 月又击溃了美国的雇佣军，将美国的势力彻底清除出古巴。在随后的 40 余年里，卡斯特罗带领古巴人坚定地走社会主义道路。这令把美洲视为自己后花园的美国大为恼火，但是卡斯特罗领导下的人民顶住重

重压力，使得美国各种企图颠覆古巴政府的手段纷纷破产，他们便把矛头对准了卡斯特罗本人。

早在 1959 年 12 月，当时的中央情报局局长艾伦·杜勒斯就得到建议，要对"除掉菲德尔·卡斯特罗的问题进行深入透彻的考虑"。杜勒斯对这个建议很感兴趣。而暗杀卡斯特罗，肯定是一个艰巨的任务。它不想直接实施这个计划，而准备让黑手党去干。曾经参与过中央情报局在印度尼西亚的行动、制作过有关苏加诺色情电影的罗伯特·马休被中央情报局看中，他们拿出了 15 万美元，让马休策划这件事。马休联系上了黑手党在美国中西部的首领吉安康纳和古巴黑帮头子特拉菲坎蒂。他们决定用毒药解决卡斯特罗。中央情报局的技术专家们立即行动起来，制作吉安康纳需要的肉毒杆菌毒丸。这个毒丸交给了一位古巴特务，他声称能接近卡斯特罗，会把它下到卡斯特罗喝的咖啡里。自毒丸出手后，中央情报局天天在等待着卡斯特罗毙命的消息，可是直到现在，卡斯特罗还健康地活着。此后，中央情报局又用这种肉毒杆菌素对一种雪茄进行了处理，据说卡斯特罗非常喜欢这种雪茄。毒素的威力是如此之大，以至于只要卡斯特罗把香烟塞进嘴里就会死亡。1961 年二、三月之交，罗塞利把雪茄交给了卡斯特罗的一个随员，可是这个随员后来被解雇了，因而失去了接近卡斯特罗的机会，雪茄被退回来。一计不成，再生一计。中央情报局认为，卡斯特罗不仅在古巴影响很大，对整个拉丁美洲也有影响，甚至在美国也有崇拜者。他的声音雄浑，极具感染力，在演讲时很有震撼力，中央情报局就想在这上面做点文章。它计划在播音室里撒下一种类似迷幻药的药品，卡斯特罗一走进去就会头脑发晕，不知所云。中央情报局对这种化学物质专门做过试验，发现其性能极不可靠，只得忍痛放弃。后来，中央情报局的技术部门又发明了一种能使人暂时失去判断力的药物，这种药物如果涂在香烟上，也会产生效果。中央情报局指望卡斯特罗在发表重要讲话时能抽上一支。没有人想到，如果中央情报局能把这种香烟送到卡斯特罗手里，为什么不干脆一点，把他搞死算了？卡斯特罗的大胡子也成了情报局的目标，中央情报局认为这是卡斯特罗男性魅力的根源所在，如果把这把胡子搞掉，说不定人民会对他失去兴趣。于是，中央情报局策划在卡斯特罗去国外访问的时候，在他下榻的宾馆里下手。中央情报局计划把一种铊盐下到他的鞋子里，这种铊盐脱毛能力极强，它可以使卡斯特罗的胡子脱光。这种脱毛剂计划在卡斯特罗一次出国访问时实施。但是，卡斯特罗因故取消了这次访问。

美国情报局可谓屡败屡战。肯尼迪上任3个月后，"猫鼬"行动立即提上了日程，搞掉卡斯特罗是美国第一任务。这一行动交给了兰兹代尔和哈维。哈维又找到了黑手党，他交给罗塞利四颗剧毒胶囊，对他说，胶囊将在任何时刻对任何物体起作用。这四颗胶囊将用在卡斯特罗和他的弟弟劳尔·卡斯特罗及格瓦拉身上，古巴特务托尼·瓦里纳将执行这个使命。但是哈维要听的那个好消息迟迟没有传来，相反报纸上却接二连三地传来苏联武器运进古巴的消息，随即古巴导弹危机爆发了。关于"猫鼬"行动，司法部长罗伯特·肯尼迪传达了总统的指示："总的说来是不满意的，行动已经一年多……一点破坏行动也没采取，连那个试图要干的事也两度失败。"但在这个命运攸关的时刻，罗伯特不愿冒一场核大战的风险，因而被迫取消了暗杀计划。此后，中央情报局费尽心机，采取了种种千奇百怪的手段来结束卡斯特罗的生命，但是一次也没有得逞。极具讽刺意味的是，1963年11月22日，正当美国中央情报局的一名特工向一名刺客递交行刺卡斯特罗的毒笔时，支持这一行动的美国总统肯尼迪被刺身亡。而他已经是短暂的美国史上第四个被刺杀的总统！卡斯特罗对针对他的暗杀行为进行了强烈的谴责。他在1975年12月17~18日举行的古巴共产党第一次全国代表大会上指出："中央情报局的所作所为是野蛮的行径，对这种野蛮行径的揭露和道义上的谴责有助于避免在国际关系中出现如此卑鄙的做法。"

其实，不管是在国际关系还是国内关系中，暗杀都是对抗双方经常采取的一个选择。在力量相持的情况下，如果用这种不光彩的手段对对方的领袖人物或者核心力量进行打击，势必会对对方产生影响。因此，在世界历史上，暗杀行动可谓层出不穷。但是，因为这种博弈选择违犯了正常的博弈规则，因此一直受到世人的反感。更需要注意的是，一个人的力量毕竟是有限的，对一个人物进行暗杀，可能会影响事物发展的

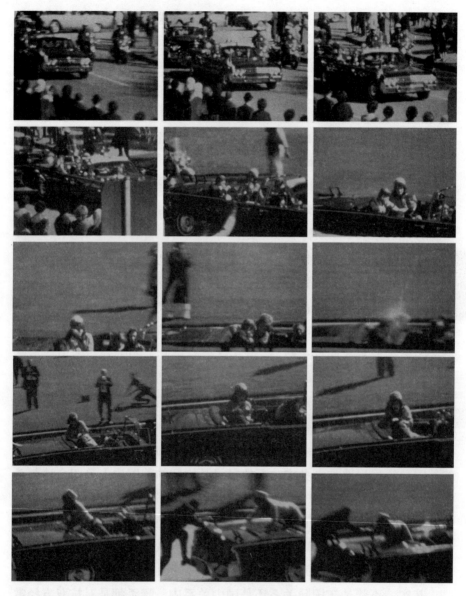

肯尼迪遇刺时抢拍的一组镜头

进程，但是很少影响事物发展的方向，甚至会起到相反的作用。对恺撒的刺杀就体现了这一点。

罗马共和国后期，随着长年累月的掠夺战争，罗马的财富日益增加，社会阶层分化加剧，骑士、元老贵族和破产的小农在政治中互相利用，斗争激烈，罗马共和制的大厦已经摇摇欲坠了。特别是在高卢战争后，大量的奴隶与财富源源流入罗马，刺激了罗马奴隶制经济的繁荣；罗马的疆土扩展到莱茵河西岸、比利牛斯山脉以东、北至不列颠。而恺撒身为战争统帅，也因此而捞得雄厚的政治资本。他被任命为终身独裁官，人民大会和元老院还授予他终身荣誉头衔——"大将军"和"祖国之父"。以手下 26 个军团为后盾的恺撒实际上已经拥有独断专行的君主权力，这就引起了部分固守罗马共和传统的元老贵族的严重不满，他们认为恺撒破坏了共和国的原则。这种不满情绪的聚集给恺撒带来了灾难，公元前 45 年 3 月 15 日，以布鲁图斯和卡西约为首的共和派集团在元老院议事厅刺死了恺撒。但是，共和灭亡的大势已定，这一阴谋不仅没有挽救罗马共和国，反而加剧了它的灭亡。恺撒手下的军官们和他的养子屋大维以为恺撒复仇为名，很快消灭了与他们作对的元老院成员。屋大维又于公元前 31 年打败了他从前的盟友，以埃及为据点的安东尼。随后，手握重兵的屋大维在罗马进行了一系列改革，一劳永逸地结束了共和政体。

这样看来，暗杀不仅是不干净的博弈，而且是不大管用的博弈。它或许可能有效地发泄出若干人对若干人的愤懑之情，但是对于历史大势的发展却是无效的，并且会永远成为一种不光彩的历史。

图书在版编目（ＣＩＰ）数据

世界历史中的博弈生存 / 李化成编著 . —2 版 .—北京：光明日报出版社，
2005.9（2025.1 重印）

ISBN 978-7-80145-989-3

Ⅰ．世… Ⅱ．李… Ⅲ．对策论—应用—世界史—研究 Ⅳ．K107

中国国家版本馆 CIP 数据核字 (2005) 第 100205 号

世界历史中的博弈生存

SHIJIE LISHI ZHONG DE BOYI SHENGCUN

编　　著：李化成

责任编辑：崔允刚　　　　　　　　　　责任校对：徐为正

封面设计：玥婷设计　　　　　　　　　封面印制：曹　净

出版发行　光明日报出版社

地　　址：北京市西城区永安路 106 号，100050

电　　话：010-63169890（咨询），010-63131930（邮购）

传　　真：010-63131930

网　　址：http://book.gmw.cn

E - mail：gmrbcbs@gmw.cn

法律顾问：北京市兰台律师事务所龚柳方律师

印　　刷：三河市嵩川印刷有限公司

装　　订：三河市嵩川印刷有限公司

本书如有破损、缺页、装订错误，请与本社联系调换，电话：010-63131930

开　　本：170mm×240mm

字　　数：165 千字　　　　　　　　　印　　张：12.5

版　　次：2010 年 1 月第 2 版　　　　　印　　次：2025 年 1 月第 4 次印刷

书　　号：ISBN 978-7-80145-989-3

定　　价：33.80 元

版权所有　翻印必究

扫码获取更多资源